Hollywood
A Meca do Cinema

Blaise Cendrars

Hollywood

A Meca do Cinema

Apresentação
Affonso Romano de Sant'Anna

Tradução
Vera Ribeiro

JOSÉ OLYMPIO
EDITORA

Título do original em francês
HOLLYWOOD: LA MECQUE DU CINÉMA

EDITORA JOSÉ OLYMPIO LTDA.
Rua Argentina, 171 – 1º andar – São Cristóvão
20921-380 – Rio de Janeiro, RJ – República Federativa do Brasil
Tel.: (21) 2585-2060 Fax: (21) 2585-2086
Printed in Brazil / Impresso no Brasil

Atendemos pelo Reembolso Postal

ISBN 978-85-03-01007-8

Capa: Isabella Perrotta / Hybris Design

CIP-Brasil. Catalogação-na-fonte
Sindicato Nacional dos Editores de Livros, RJ.

Cendrars, Blaise, 1887-1961
C389h Hollywood: a Meca do Cinema / Blaise Cendrars; apresentação Affonso Romano de Sant'Anna; tradução Vera Ribeiro. – Rio de Janeiro: José Olympio, 2008.
(Sabor literário)

Tradução de: Hollywood: la Mecque du Cinéma
ISBN 978-85-03-01007-8

1. Cinema – Los Angeles (Estados Unidos) – História. 2. Hollywood (Califórnia, Estados Unidos) – História. I. Título. II. Série.

CDD – 791.43
08-4581 CDU – 791

Dedico estas páginas

A

PIERRE LAZAREFF

e sua simpaticíssima equipe do *Paris-Soir*,

E

a meus amigos de Hollywood,

PRIMEIRO

você, JEAN GUÉRIN, e você, WALTER SHAW,

em cuja companhia bebi, dia e noite,

bons e maus uísques,

e a você, "Marquesa" de Santa Bárbara, Bonair

e outros locais nos morros;

DEPOIS,

a ROBERT FLOREY, CHARLES BOYER e JACQUES THÉRY,

que me abriram os estúdios, e,

POR FIM,

a todas as belas moças da cidade,

dentre elas as de minha orquestra particular de "*jazz-hot*",

KA BALZAC, a virtuose da bateria,

JUNE CRUZE, a improvisadora,

SEM ESQUECER

KIKI – nem MANYA,

nem a SRA. GENERALA, nem A MENTIROSA,

nem CRANEUR, nem MOTUS,

o cachorro, o gato.

BLAISE CENDRARS

SUMÁRIO

APRESENTAÇÃO

UM HOMEM PERPLEXO

Blaise Cendrars chamou a esta obra de "pequeno livro" e, de fato, são reportagens que enviou ao *Paris-Soir* sobre os 15 dias que passou em Hollywood em 1936. Pode alguém captar em tão pouco tempo a essência daquela cidade mítica construída sobre um cemitério de mamutes? Ele revela seu método de trabalho: "Nunca tomo notas em viagem (...). Quero poder relatar somente o essencial das coisas vistas." Por isto, desconsertando o leitor, começa logo revelando as coisas/temas/personagens que faltam no seu relato.

Quando Cendrars — esse alucinado viajante da estirpe de Marco Polo, Casanova e Jack London — aportou em Los Angeles, Hollywood já fascinava o mundo há três décadas. O loteamento criado por Wilcox em 1903 era agora uma cidade moderna cruzada por automóveis, onde andar a pé provocava suspeitas na polícia. Aqueles anos 1930 foram a década de *Sem novidades no front* tirado do best seller de Erich Maria Remarque, época de Marlene Dietrich, do primeiro *King Kong* (1933), do surgimento de Alfred Hitchcock, de quando os quatro Irmãos Marx divertiram as platéias e Jean Harlow e Mae West eram padrões sexuais. Ali também estavam Spencer Tracy, Fred Astaire, Betty Davies, Gary Cooper, Cecil B. DeMille e o próprio Chaplin de *Tempos Modernos*.

Como dizem alguns historiadores, por trás daquele fascínio, da apoteose, da glória e do glamour, no entanto, havia um regime militar, uma desumana indústria de produção da fantasia. Não é à toa que Hollywood ostentava a maior taxa de suicídios dos Estados Unidos. Os escritores e atores, por exemplo, eram uma espécie de prisioneiros de um sistema cruel, glorificante e predatório, como relata Ann Lloyd em *Movies of the thirties*. Tal era a estrutura e força dos estúdios que muitos deles tinham polícia própria, além de verdadeiros times de advogados e médicos. Entrar para Hollywood era uma atividade que, como numa religião, exigia devoção absoluta e o sacrifício da própria vida.

Cendrars, cujo verdadeiro nome era Frédéric Louis Sauser, não era um estranho no ninho. Tinha alguma experiência na área do cinema. Em 1919 havia feito com Abel Gance o filme *J'Acuse* e um documentário alucinado, *La Roue,* que durava nove horas (muito antes de Andy

Warhol fazer aqueles intermináveis filmes com gente apenas dormindo ou do Empire State Building filmado durante horas e horas). A Cendrars e Gance interessava o oposto: inseridos na ideologia futurista, queriam captar a velocidade, a máquina e o movimento (nada como o cinema para isto). Exemplo é *Transiberiana ou a Pequena Joana da França*, considerado uma espécie de "travelling poético" que narra a viagem imaginária e real que o autor fez em 1905, de Moscou a Manchúria, durante a pré-revolução comunista e a guerra sino-russa.

Além desse, com Sergei Einsenstein e William Wyler tentou, em 1930, convencer Hollywood a filmar a fabulosa história escrita por Cendrars sobre o general John Augustus Sutter e a busca do ouro na costa do Pacífico. Era ainda amigo de Chaplin e de muitas personalidades do mundo artístico. Amigo de John dos Passos e de Henry Miller, tinha Stalin como um de seus leitores. Como uma espécie de *dândi* que não se contenta em ficar pelos cafés e teatros, acabou vindo ao Brasil várias vezes e aqui se envolveu com os nossos modernistas, sendo, também, um elemento fecundador de idéias.

Quando nos referimos a Blaise Cendrars logo surge o problema: o que é mais interessante, sua obra ou sua biografia? Até que ponto sua obra tem sido posta em segundo plano diante de uma biografia espetaculosa que teve como cenário vários continentes? Já seu nascimento é um fato transnacional, pois nasceu num trem italiano quando sua mãe escocesa regressava do Egito. Intelectual e agitador cultural, amante irrequieto, jornalista eventual, pretenso horticultor, viajante inveterado, crítico de arte, soldado mutilado na Primeira Guerra Mundial, Cendrars deixou devotos em várias partes do mundo e, como lembra Wilson Martins, por exemplo, nos Estados Unidos, Monique Chefdor criou, em 1978, a Association Blaise Cendrars.

De sua passagem pelo Brasil nos dá conta *A aventura brasileira de Blaise Cendrars* (Quíron, 1978), de Alexandre Eulálio. Entre nós brasileiros, releva também o trabalho de Aracy Amaral, crítica e pesquisadora, filha de Tarsila do Amaral, figura central do Modernismo. Tarsila conviveu com Cendrars na Europa e no Brasil, e sua filha deixou-nos um rico testemunho crítico em *Cendrars no Brasil e os modernistas* (Rio de Janeiro: Editora 34, 1997).

Sem me alongar em recuperar a bibliografia brasileira sobre Cendrars, pinço a tradução de seus poemas referentes ao Brasil, *Feuilles de routes sud-americaines/Folhas de viagem sul-americanas*, textos traduzidos por Sergio Wax (Belém: UFPA, 1991). Os poemas, que lembram muito o que Oswald de Andrade, Drummond, Murilo e o próprio Mário de Andrade fizeram, são de 1924 e dedicados aos seus amigos brasileiros da seguinte maneira:

Este caderno é dedicado
aos
meus bons amigos de São Paulo
Paulo Prado
Mário de Andrade, Sergio Milliet, Tasto di Almeida,
Couto de Barros, Rubens de Moraes, Luiz Aranha
Oswald de Andrade, Yan
e
aos amigos do Rio de Janeiro
Graça Aranha
Sergio Buarque de Hollanda, Prudente
de Moraes, Guilherme de Almeida,
Ronald de Carvalho, Américo Facó
sem esquecer
o inimitável e querido
LEOPOLDO DE FREITAS
do Rio Grande do Sul.

Não é pouca gente. O homem, além de viajado, multidotado, era agradecido e sabia localizar as pessoas certas no lugar certo em qualquer continente. Com esses textos pagava muitas das gentilezas que os milionários Prado e Penteado lhe fizeram quando foi hóspede deles em São Paulo e quando com eles e outros modernistas participou da célebre viagem de intelectuais paulistas às cidades históricas de Minas em 1924. Ele exerceu evidente influência sobre a nossa nascente poesia modernista com poemas curtos, meio piada, rápidas pinceladas de viagem.

Mário de Andrade, por exemplo, num de seus deliciosos textos, registrou o ciúme que sentiu do expansivo e espaçoso europeu ao dizer numa resenha: "Em princípio tenho ciúmes de Cendrars por causa daquele desenho de dona Tarsila do Amaral que vem na capa de *La Formose*. Que negra tão preta aquela com a bonita folha de bananeira nas costas! Pensei: É isso, um zanzador dum francês vem no Brasil e arranja tudo com facilidade, arranja assunto, cinco voluminhos de versos e arranja até desenhos de dona Tarsila do Amaral. Pois então a gente que vive fez tanto! no mesmo assunto e trata dele com bem mais patriotismo só arranja ser chamado de futurista... está bom!"

Este "pequeno livro" sobre Hollywood pode ter também o mérito de repor em circulação um autor icônico da modernidade. Seus dois últimos, de memórias, têm títulos bem expressivos que definem sua obra e personalidade: *L' homme froudroyé* [O homem perplexo] (1945) e *Emmène-moi au bout du monde* [Leve-me ao fim do mundo] (1953).

Assim foi Blaise Cendrars, um homem pasmo diante da vida que foi ao fim do mundo tentando exaurir e curtir a que lhe foi dada.

Affonso Romano de Sant'Anna

PREFÁCIO

Então, aqui está meu pequeno livro sobre Hollywood. É muito incompleto, pois nele não falo de meu velho camarada Chaplin, por quem tenho enorme admiração, nem de Louise Fazenda, a única comediante da tela (na França, temos Raymone no teatro), a sensacional Fazenda, a irresistível Louise, por quem nutro uma antiga paixão que data da época do cinema mudo, nem falo de meus diretores nem das novas estrelas de quem mais gosto. No entanto, havendo passado apenas 15 dias em Hollywood, os diretores e as estrelas que eu tanto gostaria de ver estavam em pleno trabalho, e não tinham tempo nem folga para me receber; Louise Fazenda acabava de trazer ao mundo, aos 42 anos (!), seu primeiro bebê, o que primeiro tomei por uma boa piada ou por publicidade, mas depois revelou ser verdade; e Chaplin estava nervoso demais na minha chegada, por se achar às vésperas da estréia de seu último filme, e continuava nervoso demais na minha partida, porque era o dia seguinte a essa estréia, na qual ele se sentira, como declarou no rádio, "tão desconfortável quanto se estivesse na cadeira elétrica".

Ainda faltam muitas outras coisas em meu livro: por exemplo, retratos de estrelas, homens e mulheres; um capítulo sobre a maravilhosa vaidade dos *producers*; um capítulo sobre os diretores e os ossos de seu ofício; um capítulo sobre os figurantes, suas desventuras e sua exploração; um capítulo sobre os patrocinadores do cinema, esses boêmios pitorescos das finanças internacionais; um capítulo sobre os dois mil escritores ligados por contrato às grandes empresas de Hollywood, e cujos hábitos de preguiça são os de um convento de monges tibetanos; um capítulo sobre Walt Disney, esse poeta da indústria, cujo próximo filme, em oito rolos, *Branca de Neve e os Sete Anões*, comportará 150 mil desenhos animados, o que exige a filmagem de dois a três milhões de desenhos executados à mão; um capítulo sobre a cor, outro sobre o relevo, essas duas últimas novidades da tela; um capítulo sobre as drogas, um sobre os escândalos e um sobre os divórcios, pois jamais entenderemos nada da história de Hollywood se ignorarmos as extravagâncias sexuais que podem brotar nessa serra quente, nem como, por exemplo, o assassinato de Thelma Todd é uma história de sapatas, ou como Monsieur de Beaugrelon, que emigrou para a Califórnia, faz furor e freqüenta todas as *cocktail parties* organizadas em sua homenagem, nos *weekends*, em todos os bangalôs.

Faltam, também, em meu livro, histórias de ladrões de automóveis e de bandidos; a enumeração das boates, como a mais simpática de todas, La Glorieuse Porte, de Louis Prima, onde conheci James Wong Howe, o melhor operador de câmera da cinelândia norte-americana — um chinês! —; ou como o barulhento Sebastiano's Cotton Club, onde Thompson, o massagista das estrelas, que parece um jovem corsário e é bonito como um anjo maldito, toca tuba; ou a Alabama, a boate negra por excelência, onde, nas noites de terça-feira, podemos ver as camareiras e os criados das estrelas, com os adereços de seus patrões, a beber, cantar, dançar, imitar seus "amos" e se fazer passar, pretensiosamente, por reis ou rainhas da tela de prata, e onde, nas outras noites da semana, podemos ouvir os *blues* mais bonitos do sul, cantados por uma mulata de voz cativante, fisionomia pesada, com gestos voluptuosos e dicção infantil, para quem fiz uma canção inédita — "Mississipi Kisses" —, que ela balbucia e gesticula de um jeito extasiante.

Adrian, o costureiro, e Max Factor, o maquiador, ambos de uma audácia louca, já que cada um desses mestres soube renovar sua arte, uma arte clássica e de antiga tradição, para adaptá-la às proporções muito particulares e ao ângulo das filmagens, que, na luz especial do estúdio ou na escala da tela, deformam com muita facilidade um rosto ou um corpo, Adrian e Max Factor também mereceriam, cada um, capítulos separados. Mas, aonde isso me levaria, bons deuses, porque seria fácil encher um volume com as histórias que eles contam, eles que se estabeleceram em Hollywood há 25 anos, conheceram todo mundo, vestiram ou pentearam todo mundo, ajudaram em todas as estréias, acompanharam todas as carreiras, assistiram a todas as vitórias e conhecem como ninguém os hábitos, os tiques, as manias, os gostos, as aventuras, os sucessos, os infortúnios secretos, as desilusões íntimas, em suma, o destino das estrelas, tanto na cidade como no estúdio.

Entretanto, apesar de todas as suas lacunas, atrevo-me a esperar que este pequeno livro não decepcione o leitor, porque, para acrescentar a meu texto o que lhe falta, tive a sorte de poder mostrar os desenhos feitos ao vivo por meu amigo Jean Guérin,* cujo lápis é tão rápido quanto o olho é malicioso, divertido e fiel, e que soube captar com muita exatidão, sob sua aparente displicência — o desenho de Jean Guérin está para o de Ingres assim como a estenografia está para a caligrafia —, alguns dos aspectos mais fugidios e mais típicos dessa espantosa

*Os desenhos constantes da edição francesa não foram reproduzidos na edição brasileira. (*N. da E.*)

improvisação cotidiana que constitui o maior encanto da vida em Hollywood, e que é um espetáculo de que a gente não se cansa, porque, em Hollywood, o cinema está na rua.

Com certeza, o encontro mais feliz e inesperado que pude ter na capital da fotografia e da objetiva foi justamente com esse jovem pintor francês, de grande talento e requintada sensibilidade, com esse rapaz que sabia ver e abrir o olho, um olho humano — e é por isso que não publico nenhuma fotografia.

B.C.
Burgos, 7 de setembro de 1936

Hollywood: A Meca do Cinema

1

HOLLYWOOD, 1936

A MAIS JOVEM CAPITAL DO MUNDO E A CAPITAL DA JUVENTUDE

Ruas. Ruas. Ruas. Ruas. Tamanha é a desordem nelas, e a vida é tão intensa, matizada e extravagante, que não se assemelha a nada conhecido.

Hollywood, que se parece ao mesmo tempo com Cannes, Luna-Park e Montparnasse, é uma improvisação maravilhosa, um espetáculo espontâneo, contínuo, permanente, oferecido dia e noite nas ruas, diante de uma decoração norte-americana que lhe serve de pano de fundo.

Compreendo. Gosta-se ou não de Hollywood. É uma questão de idade. É uma questão de geração. É quase uma questão de fisiologia: "Dize-me o estado de tuas artérias e te direi se deves vir a Hollywood...", porque esse bairro distante de Los Angeles, que em 25 anos transformou-se numa capital mundial, a capital industrial do cinema, é não apenas a capital mais jovem do mundo, como é também a capital da juventude, um pólo de atração.

É nesse sentido que Hollywood é, para todos, uma pedra de toque.

Ou a amamos ou temos horror a ela, desde o desembarque, ao dar o primeiro passo na rua.

Só podemos lamentar não ter vindo antes, ou, ao contrário, pelo simples fato de estarmos aqui, de termos vindo, de vivermos um dia nesse ambiente de despreocupação e improvisação, sentimo-nos extraordinariamente felizes. É que velhos, tanto nos estúdios quanto nas ruas, a gente não vê em Hollywood. Hollywood é a cidade dos moços.

UMA CIDADE-TALISMÃ

Aportar em Hollywood numa viagem é como bater na madeira: dá sorte.

E foi isso que compreenderam todos os marinheiros do mundo.

Nenhum navio lança a âncora em San Pedro sem que metade de sua tripulação desembarque em terra e tome de assalto os pobres táxis, cujos motoristas, mexicanos indolentes, subitamente estimulados pela fé, pelo ardor e pelo desejo de tantos jovens impacientes de visitar a última maravilha do mundo — a fábrica de ilusões —, partem em velocidade e se entregam a uma corrida vertiginosa pela estrada macadamizada, uma reta de 50 quilômetros que liga o porto petroleiro da Califórnia à cidade misteriosa dos estúdios, cujas portas são hermeticamente fechadas, enquanto as janelas envidraçadas são enigmaticamente esquecidas.

A FÁBRICA DE ILUSÕES

Equipamentos defeituosos, à espera de uma intervenção que não acontece, são encontrados diante das grades de todos os estúdios.

Sem a menor decepção e como fiéis nas imediações de um santuário, os homens se acotovelam, cada qual esperando ter a chance de divisar, nem que seja por um instante ou de longe, o objeto de seu amor ou de seu sonho secreto.

Os que dão ouvidos à conversa dos charlatães que os abordam deixam-se levar até Beverly Hills, sob o pretexto falacioso de visitar as residências das estrelas mais famosas, e à noite os encontramos pelas ruas sinuosas das colinas, todos, do piloto ao comandante, entregues a guias clandestinos, que os fazem visitar propriedades oferecidas para aluguel ou casas abandonadas, e que lhes vendem, antes de deixá-los partir, lembranças de Hollywood — bonecos e brinquedos de Mickey Mouse, o bigodinho do Carlitos, preso num elástico, os dentes do siso (*sic*) de Greta Garbo, as unhas de Mae West num porta-jóias (*sic*), cachos de cabelo, fotografias inéditas, saquinhos contendo uma luva, uma meia de seda ou uma flor usadas por tal ou qual estrela nesse ou naquele filme —, fetiches sugestivos que esses bravos marinheiros carregam para a pátria distante, como relíquias sagradas do navegador de hoje.

SRA. WILCOX, A MADRINHA DE HOLLYWOOD

A julgar pelo número de caçadores de clientes e de pequenos negociantes astuciosos que espreitam o viajante em sua chegada a Los Angeles, e que o assediam por telefone até nos quartos de hotel, Hollywood deve ser um lugar de peregrinação tão freqüentado quanto Jerusalém, onde os guias poliglotas e os vendedores de quinquilharias bentas são uma praga, e perseguem as pessoas até no recinto dos Lugares Santos e no túmulo de Cristo, oferecendo seus serviços, amiúde dos mais duvidosos.

Mas o que me surpreende em Hollywood é que nem na mala nem na carteira clandestina dos fulanos que nos abordam na rua, nem tampouco nas vitrines das lojas de curiosidades ou das papelarias, em parte alguma se vê um ramo de azevinho, nem sequer nos cartões-postais.

E, no entanto, o azevinho deveria ser o emblema de Hollywood, e um arbusto, um ramo ou, pelo menos, uma folha dessa planta deveria figurar no brasão da cidade, ou na marca registrada de cada película editada pelos grandes trustes do cinema.

Procurei informar-me, e não foi sem dificuldade que descobri. A sra. H. H. Wilcox, madrinha de Hollywood, tinha o hábito de responder, quando lhe perguntavam por que havia escolhido esse nome — Hollywood, que significa azevinho* — para batizar os loteamentos de seu marido que deram origem à nova cidade, registrada com esse nome em 1903 e que tinha, na época, 700 habitantes: "Escolhi o nome 'Hollywood' simplesmente porque soa bem, e porque sou supersticiosa e o azevinho dá sorte. Como vocês podem ver, a cidade prosperou; infelizmente, todos os arbustos de azevinho que mandei vir da Inglaterra, com grande despesa, e que plantei na orla de nosso primeiro loteamento, morreram, o que me deixou desconsolada. Apesar do sucesso da iniciativa de meu marido, não me sinto tranqüila, porque gosto da minha casa e estou sempre temendo uma catástrofe..."

---

*O termo é formado por *holly* (azevinho) e *wood* (madeira, arvoredo, bosque) e poderia traduzir-se por Bosque de Azevinhos. (*N. da T.*)

A sra. Wilcox, que devia ser uma inglesa sentimental, morreu há alguns anos, às vésperas da crise. Uma rua tranqüila, afastada, deliciosamente plantada com pereiras do Japão e palmeiras, leva hoje seu nome. Na capital da fotografia, não consegui encontrar uma única foto ou retrato da madrinha de Hollywood, mas consegui obter uma cópia do primeiro documento em que aparece o nome "Hollywood". É justamente a planta do loteamento Azevinho. Data de 1887. Creio ser o documento mais antigo de que se tem conhecimento.

O LOTEAMENTO "AZEVINHO"

Que vemos nessa planta baixa senão ruas, ruas, ruas e mais ruas, um traçado de ruas que se cruzam em ângulo reto entre o oceano e as montanhas?...

E, *grosso modo*, foi com base nesse projeto do loteamento inicial que se desenvolveu a atual cidade de Hollywood, num retângulo de uns 50 quilômetros de comprimento por 20 de largura.

Cabe salientar que nele também se vê a imagem de uma casa e de um castelo.

A casa era a da sra. Wilcox. Hoje ela já não existe, como não existe o *Prospect* em que se erguia, solitária, porque a rua principal do loteamento tornou-se o famoso

Hollywood Boulevard, de fama universal e uma das vias mais barulhentas do mundo.

O CASTELO DO SR. LONGPRÉ

O castelo também foi demolido, mas não vá supor que era um castelo imaginário. Segundo as informações obtidas, era a residência do sr. Paul de Longpré, um pintor francês estabelecido desde o começo em Hollywood, e que dizem ter sido o fundador da cidade como centro artístico, como cidade da arte, além de iniciador, por volta de 1900, se bem compreendi seu papel, da vida social ou até da vida mundana desse canto perdido da longínqua Califórnia.

O PRESTÍGIO DA FRANÇA

É comovente, mas a coisa é tão generalizada nos Estados Unidos que podemos indagar-nos se não se trata de uma nova forma de superstição sentimental, no estilo da superstição dos fundidores de sinos, que os levava a jogar um punhado de moedas de ouro, a título de bônus, na corrente do bronze em fusão: desde La Fayette, de quem todos conhecem o papel e a popularidade na época da Guerra da Independência, não há em sua pátria evento histórico de certa importância em que os norte-americanos não se apeguem à França, de uma forma ou de outra, e, nove em cada dez vezes, trata-se de uma surpresa inesperada, do nome ou da lembrança de um francês.

Essa tendência, essa superstição nacional, esse preconceito pelo qual o povo mais democrático da Terra parece que sente necessidade de se assenhorear, como que de títulos de nobreza, a tudo o que é francês, está longe de se extinguir nos Estados Unidos.

Assim, quando de minha penúltima temporada em Nova York, a imprensa, por ocasião da inauguração da nova igreja francesa, contou com profusão de detalhes, e se regozijando intensamente — como se esse pequeno fato anedótico conferisse não sei que prestígio e verniz a todas as crianças nova-iorquinas —, que as duas primeiras crianças brancas nascidas em Nova York no período colonial tinham sido um menino e uma menina que eram filhos de pais franceses, e cujas certidões de batismo haviam acabado de ser descobertas, por ocasião da mudança dos arquivos da antiga igreja huguenote do Espírito Santo, transferida para o número 229 da Rua 61 Leste.

E é também assim que, tal como a sra. Wilcox, o sr. Paul de Longpré — esse pintor francês cuja influência artística ou mundana é muito mal-definida, mas que se vem tornando lendário na história de Hollywood — tem igualmente sua rua, cujo nome é grafado como Delongpre Street e pronunciado pelo povo como "*Long Way Street*", o que me causou bastante dificuldade para encontrá-la. É uma rua muito movimentada, mas pouco habitada, com cemitérios de automóveis em terrenos baldios.

HOLLYWOOD NO FUTURO E HÁ 250 MIL ANOS

Gosto de Hollywood e creio em seu futuro e em sua sorte, não por ser ela a capital universal de uma nova indústria cuja circulação monetária se conta anualmente em bilhões de dólares, mas porque essa cidade, que ainda está em seus primórdios, situa-se em sete colinas, como todas as cidades artísticas que desempenharam um papel na história da civilização. Além disso, tal como em Florença ou Paris, sou despertado todas as manhãs pelo canto dos pássaros, o que também é um bom augúrio.

Por outro lado, podemos muito bem imaginar a época, talvez não tão distante quanto se costuma acreditar, em que não haverá mais um único estúdio aberto em Hollywood, visto que a jovem indústria do cinema norte-americano já é estrangulada pelo fisco, pelos impostos federais e por uma rede fechada e complexa de impostos estaduais e seguros sociais que comprometem singularmente seu futuro.

Um belo dia, os magnatas do cinema californiano são bem capazes de fechar as portas e, sem aviso prévio, realizar uma das mais formidáveis operações financeiras que se possa conceber, indo implantar seus estúdios em outro estado — na Flórida, por exemplo, ou noutro lugar, como já se cogitou. Não fazendo mais do que especular em segredo sobre os preços dos terrenos, cujo *boom* seria então vertiginoso na nova capital em formação, eles têm certeza de auferir lucros fantásticos, que os compensariam cem vezes, tanto por seus aborrecimentos atuais quanto pelos enormes prejuízos que uma transferência tão prodigiosa de uma indústria inteira fatalmente traria consigo. Por mais espantosa que pareça essa idéia, à primeira vista, ela nada tem de extravagante, se considerarmos que os Estados Unidos são o país das soluções radicais e dos mais fulminantes golpes na Bolsa de Valores.

Seja como for, e mesmo que todos os estúdios venham a fechar, continuo a confiar no futuro de Hollywood, porque o passado é a garantia mais certeira do futuro e porque, centenas de milhares de anos antes de a sra. Wilcox dar nome a essa região, a área em que hoje se eleva Hollywood já era um centro inesgotável de atividade e de vida. Como prova disso, basta-me citar os inúmeros esqueletos de mamutes desenterrados nos últimos 25 anos, à medida que a cidade atual foi sendo edificada, e os que ainda são encontrados (e levados intactos para o

Museu de Los Angeles, que tem deles uma coleção muito mais impressionante que o museu de Leningrado) toda vez que se escavam as fundações de um novo arranha-céu.

Assim, disseminados pelo planeta, existem lugares predestinados em que o Homem, desde a noite dos tempos, seguindo os grandes rebanhos pré-históricos que lhe serviam de caça, instalou-se, criou raízes e se multiplicou, graças a sua industriosidade e a ótimas condições climáticas. Esses lugares excepcionais de proliferação de vida foram-lhe indicados pela sabedoria dos "grandes elefantes", muito sensíveis às variações de temperatura e à exposição geográfica. Assinalo, sem querer exibir grande erudição, que o antigo cronista espanhol Cabrillo (1542) destacou a exuberância da vegetação e a abundância da caça no vale, qualificando de *delicioso* o clima da região, enaltecendo particularmente a localização das aldeias dos índios "cahuanhas" nas colinas, "nas encostas dos morros e protegidas dos ventos do norte", no exato local hoje ocupado por Hollywood.

Paris, Londres, Roma, Atenas e Pequim foram construídas sobre "cemitérios de elefantes", e creio que nenhuma metrópole histórica pôde ter sucesso e perdurar fora da zona de migração, de transumância dos mamutes do Quaternário, que assim mostrou delimitar a zona da civilização humana.

Hollywood está englobada nessa zona, e talvez seja isso o que melhor explica seu sucesso instantâneo e a razão por que ela poderá durar.

Não pense em Hollywood como uma cidade de crescimento repentino, calcada no modelo dessas aglomerações norte-americanas efêmeras e sem futuro, abandonadas tão logo são construídas, porque nelas se morre de tédio. Hollywood soube captar, ressuscitar um antigo centro vital em que milhares e milhares de gerações já se haviam estabelecido para viver em comum e se comprazer, e é esse passado remoto e esquecido que faz dela, apesar do aspecto palpitante, improvisado e tinindo de novo de suas ruas, uma das capitais mais misteriosas e fechadas do globo — em síntese, uma verdadeira cidade proibida.

2

A CIDADE PROIBIDA

UMA NOTÍCIA MIL VEZES AUMENTADA

Um ladrão infiltrou-se durante a noite num prédio comercial. Penetrou em diversos escritórios, graças às chaves que tirara do escaninho da portaria. Arrombou móveis e gavetas em diferentes andares. Surpreendido pelo vigia noturno, que fazia sua ronda, abateu-o com um tiro de revólver. Alertada, a polícia vasculhou o imóvel, em vão. O assaltante assassino havia desaparecido.

Veja, trata-se de um acontecimento banal, nem digno de ser relatado, e que no máximo seria objeto de uma notícia de três linhas num jornal europeu. Pois bem, quando desembarquei em Nova York no mês de janeiro os jornais estavam repletos dessa notícia, que anunciavam na primeira página, em manchetes sensacionalistas, e à qual dedicavam colunas e mais colunas, durante dias e dias.

O *TROMPE L'OEIL*, UM FENÔMENO DA VISÃO NORTE-AMERICANA

Se você pensou em lavagem cerebral, está cometendo um erro. Vou lhe explicar como isso é possível, e você verá o que rende uma notícia mil vezes aumentada. Na mesma oportunidade, descobriremos um dos maiores fenômenos da visão norte-americana — o *trompe l'oeil*, que acaba enganando a própria razão —, e você compreenderá por que Jacques Lory, o correspondente permanente do jornal *Paris-Soir* em Hollywood, chama essa cidade de capital do *país da quarta dimensão*, um país quimérico descoberto pelo falecido Gaston de Pawlowsky, que nos deixou a lembrança de um cronista brilhante, um autor curioso, espirituoso, zombeteiro e tolerante, porém amiúde barroco, de um homem em dia com os acontecimentos, um parisiense muito tarimbado, mas que não se privava de rir das coisas do Novo Mundo. Esse não é o ponto de vista mais equivocado para observar a vida norte-americana e suas manifestações, tantas vezes exageradas, se não histéricas, que se desenrolam como num filme e têm, na maioria das vezes, um ar de terem sido arranjadas de antemão por um diretor cinematográfico.

Saiba que o prédio em que o ladrão se infiltrou não foi outro senão o Edifício Woolworth, um dos mais famosos arranha-céus de Nova York, que o ladrão roubou dezenas de molhos de chaves, arrombou centenas de escritórios, e que já tinha visitado não sei quantos andares e chegado a não sei que altura acima do nível da Quinta Avenida quando, surpreendido pelo vigia noturno, abateu o pobre homem com um tiro, antes de desaparecer.

A polícia, imediatamente avisada, teve que mobilizar centenas e centenas de policiais, além de uma grande quantidade de detetives, para cercar o prédio, colocar guardas em todas as saídas e vasculhar o arranha-céu andar por andar, desde os porões e subsolos até o alto da torre do edifício. A simples inspeção metódica dos milhares de escritórios abrigados nesse grande prédio com ar de catedral, bem como a abertura de dezenas de milhares de portas e outras tantas fechaduras Yale, impossíveis de arrombar (o que exigiu a intervenção de uma divisão de chaveiros especializados em trincos de segurança), levou quatro, cinco, seis dias. E, como não se encontrou o homem procurado, a operação foi reiniciada, duas, três vezes, aliás sem resultado, visto que o culpado tinha fugido.

Enquanto isso, a vida da imensa colméia comercial ficou em suspenso: ninguém atendia aos 50 mil telefonemas cotidianos, o telégrafo continuava mudo, a correspondência não era distribuída, as transações não eram feitas e os 25 mil empregados da firma, impossibilitados de entrar no imóvel para fazer seu trabalho, estacionavam nas ruas adjacentes, impedidos e contidos pelas barreiras, misturando-se a uma multidão cada vez maior de curiosos vindos dos quatro cantos da cidade e que engarrafavam o trânsito do bairro.

Como fazia um frio miserável, todos os bares da vizinhança ficavam abarrotados e não se esvaziavam, sendo invadidos desde a manhã por pessoas que puxavam conversa, animadas: os bêbados caçoavam abertamente daquele destacamento inusitado de forças policiais, às quais se haviam juntado os bombeiros, munidos de todo o seu equipamento; os bancários desocupados faziam apostas sobre as chances do criminoso, e as belas datilógrafas, empolgadas com os dias inesperados de folga remunerada, rindo, divertindo-se, prestes a sair dançando, compraziam-se com tamanho deleite que, à noite, a coisa assumia um ar de festejo popular, e o incidente, afinal trágico, por causa da morte do vigia noturno, em quem ninguém mais pensava, foi se tornando burlesco.

Não sei em quanto calcular os prejuízos em dinheiro que essa perturbação de seus hábitos (que durou uns bons oito dias) pode ter provocado nos homens de negócios cujos escritórios, confortáveis e maravilhosamente organizados para bater todos os recordes de receita pecuniária em 24 horas, instalavam-se no prédio roubado, mas cito esse caso fortuito porque ele me parece uma ilustração típica da mentalidade norte-americana, e nos permite apreender a essência da deturpação que uma visão em escala ampla demais, num cenário desmedido, fatalmente exerce e impõe à razão do ser humano, a ponto de transformar sua lógica absurda e seu método de simplificação e de estilo de vida em algo dotado de monstruosa complexidade.

OS ESTADOS UNIDOS DEVERIAM DORMIR UNS 25 ANOS, OU REABRIR SUAS FRONTEIRAS

Nos Estados Unidos, os dirigentes, isto é, os empresários, são não apenas assoberbados pelos acontecimentos, como ocorre desde a guerra com os estadistas e diplomatas da velha Europa (que ainda não se deram conta da marcha fulminante dos tempos modernos e se atêm com obstinação a princípios e formas de uma época claudicante e ultrapassada), mas são, sobretudo, vítimas de sua confiança no progresso e de seu próprio zelo, isto é, em suma, do equipamento técnico aperfeiçoado de que dotaram seu país e dos múltiplos acessórios de ordem prática com que se atravancaram, e que agora invadem sua vida, inclusive na intimidade.

Desde a crise e a diminuição das atividades econômicas, tem-se, às vezes, a impressão de que essa maquinaria quase automática gira no vazio e de que o norte-americano vai aos poucos perdendo o pé, mais ou menos como o aprendiz de feiticeiro da lenda alemã, que já não sabia como deter o que havia começado, uma coisa desmedida que de repente o ameaçou e estava prestes a devorá-lo, justamente a ele que, como o engenheiro norte-americano, só fizera pecar por excesso de zelo.

Diante do aparato técnico atual dos Estados Unidos, que podemos qualificar de prodigioso, luxuoso, mas também nefasto, uma vez que ultrapassa em muito as necessidades reais da nação — o que me leva a crer que a economia norte-americana atingiu seu teto por um período mais ou menos longo —, adquiri a profunda convicção pessoal de que uma nova revolução técnica que trouxesse ao país uma nova era de abundância, riqueza e prosperidade, longe de lhe evitar a experiência de uma revolução social, só faria, ao contrário, precipitar uma catástrofe, que a América já vem beirando há algum tempo.

É por isso que, na minha opinião, os Estados Unidos deveriam se estabilizar e deixar levar pelo impulso já dado, pelo menos durante os próximos 25 anos, ou então reabrir suas fronteiras e se interessar um pouco mais ativamente pelas coisas da Europa, das quais nunca puderam prescindir.

Um país tão novo e vasto quanto esse, e que está, ademais, em plena formação, não pode praticar o "esplêndido isolamento" de um país antigo.

"FECISTI PATRIAM DIVERSI GENTIBUS UNAM"

Em 1936, os Estados Unidos encontram-se, mais uma vez, em plena crise de crescimento; o país está sufocando e logo perderá o fôlego, se mantiver suas fronteiras fechadas, se mantiver a "quota" — as medidas médicas e draconianas que atualmente o privam da contribuição incessantemente renovada de um fluxo de imigrantes originários de todos os países do mundo, da entrada do sangue novo que, no passado, constituiu sua força e sua grandeza, sem a qual ele não saberá viver no futuro e sem a qual a febre que hoje o devora e esgota poderá subir-lhe à cabeça, pois temos muitas vezes a impressão, hoje em dia, de que as pessoas da América estão enlouquecendo, a tal ponto sentimos o homem da rua ou do campo desequilibrado, desapontado, decepcionado, fatigado, amorfo e já sem reação.

"Quantos desempregados há ainda entre nós?", pergunta-se ele a cada manhã, ao abrir seu jornal: "dezoito milhões?... vinte e oito milhões?... Ah, droga, isso é demais!..."

E, então, amassa o jornal e sai para beber.

As reflexões anteriores, eu as fiz num trem, conversando diante de um copo de uísque com meu amigo Harold Loeb, que encontrei por acaso no vagão-restaurante do *Chief*, o trem de luxo de Santa Fé, que é o expresso mais rápido entre Chicago e a Califórnia, célebre, além disso, pela excelência de seus cardápios, assinados por Fred Harvey, o grande mestre-cuca do Ocidente.

Harold Loeb ia fazer conferências na Califórnia. Eu o havia conhecido em Roma, em 1921, e o revira em Paris, em 1925. Na época, ele freqüentava os dadaístas e dirigia uma revista literária internacional, *The Broom*, cujos números eram bravamente publicados ora em Paris, Roma e Londres, ora em Berlim, Viena, Munique ou Praga, não por fantasia, mas porque a redação se deslocava, nesse período, conforme a cotação do dólar nos diferentes países da Europa.

Foi nessa revista, *A Vassoura*, que Loeb publicou, entre outras novidades poéticas que iriam surpreender a América, uma tradução inglesa integral dos *Chants de Maldoror* [Cantos de Maldoror], de Lautréamont,* uma verdadeira glória para um jovem editor norte-americano, embora essa tradução (da qual ele também foi autor,

*Lautréamont, *Obra completa: Os cantos de Maldoror, poesias, cartas*, trad. prefácio e notas de Claudio Willer. São Paulo: Iluminuras, 1997. (*N. da T.*)

em colaboração, creio, com Matthew Jefferson) tenha passado completamente despercebida na época.

A atual idéia fixa de Harold Loeb é a reforma do Estado, e hoje o velho Harold se diz um "tecnocrata", por ser autor de um livro, *The Chart of Plenty* [O mapa da prosperidade]* que causou sensação nos meios oficiais, políticos, financeiros e empresariais, depois que Charles Beard, o mais eminente historiador da América contemporânea, chamou a atenção para ele como sendo "o livro mais importante do século XX", e depois que sua excelência, o deputado Byron N. Scott, eleito pelo estado da Califórnia, expôs e defendeu a tese e a matéria do livro no plenário da Câmara, em Washington, numa sessão memorável, realizada em 1º de julho de 1935.

O MAPA DA "PROSPERIDADE" NORTE-AMERICANA

"A América deve construir sua prosperidade": tal é, resumido numa única frase, o projeto desse livro, que se compõe, sobretudo, de novas estatísticas, irrefutáveis e convincentes, que evidenciam o seguinte fato histórico:

---

*Loeb, Harold *et al. The Chart of Plenty: a Study of American Product Capacity Based on the Findings of the National Survey of Potential Product Capacity*, com prefácio de Stuart Chase. Nova York: Viking Press, 1935. (*N. da T.*)

Não apenas depois do craque de Wall Street, em 1929, como também durante todo o longo período de prosperidade que antecedeu essa catástrofe, *o potencial de capacidade de produção e consumo* nunca atingiu a plenitude de seu potencial nos Estados Unidos.

Ora, o nível desse potencial pode ser facilmente elevado a três em relação aos resultados obtidos durante os últimos cem anos, em todos os domínios e imediatamente, com a eletrificação do equipamento nacional, que basta intensificar, e com a aplicação de um projeto racional de distribuição do trabalho e divisão das riquezas.

Portanto, se há um desejo sincero de sair da crise e salvar o país da pobreza e da miséria que se vêm generalizando, é preciso triplicar sua capacidade de produção e consumo, em vez de querer reduzi-la.

A América deve construir sua "prosperidade".

A América deve ir em frente!

Como vemos, o livro de Harold Loeb contraria as teorias preconizadas e as medidas econômicas restritivas aplicadas pelo governo de Roosevelt; não obstante, esse livro revolucionário, que combate implacavelmente a tese de Washington, veio à luz sob a égide de já não sei qual comissão de previdência da Câmara dos Deputados de Washington, que pôs à disposição de Harold Loeb e seu estado-maior cinqüenta professores, técnicos, economistas e engenheiros qualificados, seus meios efetivos de investigação e pesquisa, seus arquivos, seus documentos mais secretos e, durante mais de um ano, o apoio da autoridade governamental e ajuda financeira. *The Chart of Plenty*, portanto, é quase um documento oficial. Aliás, as famosas estatísticas publicadas no livro, e que permitem concluir pela condenação e pela rejeição do regime capitalista, só puderam ser estabelecidas com o mais estreito concurso do Instituto de Finanças da Brookings Institution de Nova York — a mais alta autoridade de Wall Street! —, o que prova e nos faz constatar de perto o quanto as mentes estão perturbadas nos Estados Unidos, e como é grave a situação.

ALGUMAS CIFRAS, E DANE-SE O PITORESCO!

De Chicago a Los Angeles, são três dias e três noites pela estrada de ferro.

Sei que não se deve julgar um país em que se veio passar uma quinzena unicamente com base no que é dado observar no saguão de um palácio ou avistar pela janela de um vagão-leito. Por isso é que o encontro com Harold Loeb foi providencial para mim. Durante três vezes 24 horas, à medida que o trem se embrenhava cada vez mais pela pradaria — cuja paisagem, aliás gélida e parcialmente encoberta por uma névoa densa, nessa estação, é de uma monotonia desesperadora para um viajante ávido por imprevistos —, pude fazer, graças a meu amigo, uma excursão inesquecível pelo horizonte, não o do pitoresco norte-americano que se desenrolava junto às portas do trem que nos conduzia a todo vapor, mas o de nossa conversa ininterrupta e recheada de cifras.

Foi assim que fiquei sabendo, com estupor, que, de 1863 a 1929, ou seja, durante o período de sua edificação, a fortuna pública dos Estados Unidos diminuiu uns 600 bilhões de dólares, o que é no mínimo inesperado e, por ora, continua a ser um fenômeno inexplicável; e que, em 1929, a receita global do país, que poderia ter gerado 135 bilhões, se lhe fosse aplicado um plano racional, e que teria dado, em média, uma renda de 4.400 dólares para cobrir o orçamento de cada família norte-americana, mal chegou a atingir 93 bilhões, o que permite constatar que a renda de 19 milhões de famílias caiu abaixo de 2.500 dólares, e que a de 11 milhões de famílias nem sequer atingiu 1.500 dólares naquele ano.

Além disso, a situação orçamentária de cada pessoa só faz piorar, porque a sabotagem, a limitação e o desperdício da produção e do consumo atingem proporções inimagináveis, numa época que, como a nossa, diz-se realista.

Pôde-se calcular que, de 1929 a 1933, as perdas no consumo, decorrentes da não criação de produtos, foram estimadas em 300 bilhões de dólares — o que é de uma extravagância ímpar desde quando existem homens no planeta, homens que se dedicam a sua indústria para tornar este planeta habitável, para geri-lo, viver e perdurar!

Os Estados Unidos são a região mais rica do globo. Essa é uma verdade incontestável. Pois bem, nesse país privilegiado, apenas 40% da população têm uma renda que lhes assegure um conforto no nível da higiene e da decência modernas, e quase 50% vivem permanentemente num estado muito próximo da pobreza. Apenas 9% têm uma renda que ultrapassa 5 mil dólares anuais, e apenas 2% têm renda superior a 10 mil dólares.

EM HOLLYWOOD, TODO HOMEM QUE PASSEIA A PÉ É SUSPEITO

Conhecendo esses números, como nos espantarmos com o fato de Hollywood, onde o pessoal do cinema ganha, ao que parece, até 10 mil dólares por dia, ser uma cidade proibida e vigiada a ponto de qualquer homem que não ande de automóvel tornar-se suspeito?

De fato, dias depois, fui interpelado pela polícia, porque estava passeando a pé. Confesso desde logo que já passava de meia-noite, bastante. Eu havia desfrutado de uma noite excelente na casa de uma amiga, onde me havia demorado. Ao sair, como fazia uma linda noite de luar e o hotel não ficava muito distante, resolvi voltar a pé. Ia descendo uma alameda com belas palmeiras, todo contente por estar em Hollywood e sem pensar em nada, quando um grande automóvel negro encostou junto à calçada e dele desceram dois homens que me seguraram pelo braço.

— Como é seu nome? — perguntaram.

— Roosevelt — respondi.

— O quê, Roosevelt?

— É, estou hospedado no Hotel Roosevelt, retruquei.

— Ah, bom! — disseram eles. — Mas, nesse caso, o que está fazendo aqui?

— Estou passeando, sabem, a noite está bonita...

— *Well*, venha conosco! — falaram eles, e me empurraram para dentro do carro, que já partiu em quarta, para me entregar no hotel, 500 metros adiante.

Na manhã seguinte, quando contei esse incidente a alguns amigos, eles caíram na gargalhada e me disseram:

— Não fique assustado, Cendrars, aconteceu a mesma coisa com o Mollison, aquele aviador inglês que sobrevoou o Atlântico. Uma noite, ao sair de um banquete que a American Legion lhe havia oferecido no restaurante Victor Hugo e, como você, resolvendo voltar para o Roosevelt a pé, ele foi detido pela polícia, que lhe perguntou seu nome. Quando ele respondeu que se chamava Mollison e era o célebre aviador, foi levado para a delegacia central, porque os detetives tiveram certeza de estar lidando com um maluco e não puderam acreditar que um homem tão famoso, e de quem os jornais falavam tanto, pudesse andar a pé pelas ruas feito um pobretão... E vocês dois devem se considerar felizes — acrescentaram meus amigos — por não terem, primeiro, levado uma surra da polícia!...

— Mas, por quê?

— Por quê? — responderam eles, redobrando as gargalhadas. — Ora, porque ninguém tem a idéia de passear a pé numa cidade como Hollywood, onde há mais automóveis do que habitantes!

SERÁ QUE A CALIFÓRNIA E, MAIS PARTICULARMENTE, AS CIDADES DE LOS ANGELES E HOLLYWOOD IRÃO SE CERCAR POR UMA MURALHA DA CHINA?

Mais eis que, alguns dias depois, já então andando de automóvel e na companhia dos mesmos amigos, fomos parados numa estrada do interior por uma, duas, três, quatro barreiras da polícia militar, e não pudemos surpreender em seu rancho solitário o grande ator William S. Hart, o ás dos caubóis do tempo do cinema mudo, que eu tinha vontade de entrevistar em seu retiro.

Assim, como já ia ficando tarde e as estradas nos pareciam pouco seguras, fizemos meia-volta. Mas, o que estava acontecendo? Seria a revolução, ou estariam perseguindo seqüestradores de crianças nas colinas? Não; é que havíamos caído bem no meio do bloqueio que os xerifes da Califórnia e a polícia de algumas cidades costeiras, como Los Angeles e Hollywood, tinham decidido montar naquele ano, na fronteira do estado, para impedir a invasão sazonal dos indigentes e vagabundos que vinham dos estados circunvizinhos, a fim de passar o inverno na Califórnia e desfrutar de seu clima ameno.

Desde o fim de janeiro, três divisões policiais vigiavam a fronteira do Oregon, ao norte, e do Arizona e de Nevada, a leste. Todas as pistas e todas as estradas eram vigiadas, tanto as passagens ao longo da costa quanto as trilhas pelas montanhas. Postos de interrogatório e triagem foram estabelecidos em todos os pontos de penetração. Só os acessos à cidade de Los Angeles eram vigiados por 136 agentes da polícia municipal, submetidos às ordens do chefe de polícia Davis, que havia assumido a responsabilidade por todas as providências tomadas.

Os trens são vistoriados. Detêm-se os vagabundos e os trabalhadores rurais que andam pelas estradas. As famílias que viajam de automóvel são implacavelmente rechaçadas, quando o chefe da família não tem razões suficientes para justificar sua livre entrada na Califórnia.

Os jovens, as crianças, as mulheres sozinhas, os desempregados, os inválidos, os doentes ou os portadores de alguma doença infecciosa são reenviados a seus estados de origem, ou internados em campos de concentração até se obterem maiores informações. Qualquer indivíduo suspeito é detido e mandado para a prisão.

Esse bloqueio assume uma aparência de cruzada contra todos os indesejáveis, e os jornais locais, para justificar os abusos, os maus-tratos e as injustiças dessas medidas excepcionais e amiúde exageradas, acusam os estrangeiros — no caso, os mexicanos, que transpõem em bando as fronteiras do sul — de estarem comendo o pão dos desempregados. Mas a verdade me obriga a deixar claro que, a frente policial não estando posicionada na direção sul, e sim orientada para o norte e o leste, o bloqueio californiano é efetivamente dirigido ao interior do país, e que os indesejáveis que são vítimas dessas medidas intransigentes, em 99% dos casos, são "estrangeiros do interior", ou seja, 100% norte-americanos, cidadãos oriundos dos estados do leste, do meio-oeste e do norte — e é exatamente isso que pude constatar como testemunha ocular, porque é fácil imaginar como se tira proveito de uma oportunidade tão boa para rechaçar e mandar de volta uma quantidade de desempregados vindos daqueles estados. As inúmeras detenções e as expulsões espalhafatosas de mexicanos, periodicamente registradas pelos jornais da Califórnia, são feitas com todo esse reforço publicitário exatamente para tapear o país.

UMA AUDIÊNCIA NOTURNA

Tive a curiosidade de ir assistir a uma audiência noturna do juiz municipal Scott, cuja sede permanente é a prefeitura de Los Angeles. Setenta e oito homens que tinham sido detidos durante o dia desfilaram rapidamente diante dele. Desse número, dez jovens, que juraram sobre a Bíblia que deixariam o território da cidade e a Califórnia num prazo de 48 horas, foram imediatamente liberados. Sessenta foram condenados a dez dias de prisão; desses, 28 eram criminosos originários do leste e sobre cujo passado se faria uma investigação adicional; os demais eram uns azarados que tinham sido pegos viajando nos trens sem pagar — *bobos*,* como são chamados por lá. Somente oito foram declarados inocentes de qualquer acusação. Como que por acaso, nessa noite, entre os 78 indesejáveis que desfilaram perante o juiz Scott, não havia um único estrangeiro, provavelmente porque eu estava lá incógnito — eu, um jornalista estrangeiro.

*O termo tem a conotação de "andarilho", pessoa mendicante ou que vive de biscates, mas é também usado para designar os trabalhadores migrantes. (*N. da T.*)

SERÁ POSSÍVEL IMPEDIR QUE OS AUVÉRNIOS TENTEM A SORTE... EM HOLLYWOOD?

Tive ainda a curiosidade de entrevistar, em sua saída, os oito homens que tinham sido inocentados, e, um pouco depois, de pagar comida e bebida para os dez jovens que tinham sido soltos após empenharem sua palavra. Esses homens e rapazes tinham ido à Califórnia de boa-fé, à procura de emprego. Um deles chegara até a trabalhar como carpinteiro por oito dias num estúdio de Hollywood. Eram todos de origem modesta, sem dúvida, mas nenhum era mendigo ou vagabundo. Todos se sentiam aflitos com sua aventura e envergonhados por terem dado com o nariz no *blockade* [bloqueio].

Será possível impedir que os auvérnios do interior queiram tentar a sorte... em Hollywood?*

Até quando haverá uma muralha da China?

Mas, na verdade, essa muralha existe, e circunda os estúdios, no coração da cidade.

*Cendrars toma os habitantes da região de Auvérnia [Auvergne] como símbolo dos camponeses que abandonam a terra em busca de um futuro melhor. Talvez em função do clima rigoroso, e certamente da necessidade, houve nessa região francesa, pelo menos a partir do século XVI, uma grande emigração de caráter temporário ou permanente, que ainda hoje pode ser observada. (*N. da T.*)

A UTOPIA DOS HP [HORSE-POWER]

Com seu livro em cima da mesa, folheando suas estatísticas, falando de números, talvez até jogando com esses números — mas, e isso eu posso jurar, sem jamais recorrer às artimanhas da dialética, nem para condenar o regime nem para conseguir me convencer da excelência de sua tese, pois no fundo ele intuía meu ceticismo a respeito de vários pontos, principalmente quando começava a falar do futuro —, Harold Loeb, que não é marxista, mas se diz "tecnocrata", um puro, e cuja concepção da sociedade futura não é proletária, ditatorial nem fascista, conservando-se, porém, na tradição democrática norte-americana, que mais se assemelha a uma cooperação científica do trabalho, na qual cada participante teria direito às riquezas criadas e a um certo padrão de vida e conforto consonante à sua contribuição profissional, do que a um comunismo integral, traçou-me um quadro sombrio da depressão econômica de seu país e, com uma convicção obstinada e fria, mas não desprovida de dramaticidade, embora sem jamais abandonar o ponto de vista exclusivo do engenheiro, enumerou-me todas as transformações profundas, morais e materiais, que esperava da aplicação rigorosa de seu plano, para cuja propaganda e divulgação, aliás, ele estava viajando, a convite das grandes universidades e das agremiações de discussão livre que são inúmeras nos Estados Unidos.

Até esse ponto, eu tinha acompanhado Harold atentamente, mas, quando ele se pôs a falar do futuro e da abolição da miséria, da doença, da infelicidade e do sofrimento, confesso que me distraí por completo.

Desde sua divulgação, o plano qüinqüenal dos soviéticos tem dado tantos filhotes pelo mundo afora que, toda vez que escuto um desses profetas dos "cavalos-vapor" expor-me seu projeto de reforma, que deverá assegurar a felicidade dos cidadãos, tenho vontade de exclamar: "Ora, deixem os soviéticos trabalharem sossegados! Logo veremos se os camaradas engenheiros conseguirão eliminar de suas engrenagens a velha perversidade humana, que distorce e desarticula todos os cálculos! Quanto a vocês, minha boa gente, cristãos ocidentais, calem-se! Ou, então, se quiserem rejeitar o passado e partir do zero, para se entregarem a uma nova experiência, comecem por suprimir o trabalho, essa maldição que já aparece na Bíblia!" É que me parece que o problema está malformulado, e que é menos o trabalho do que o lazer humano que é urgente organizar[1] — o lazer, a que devemos a arte, os jogos, o amor, a invenção da escrita etc.: em suma, tudo o que nos ajuda a suportar a vida. O

[1]Ao escrever isso, eu não imaginava que, menos de um mês depois (junho de 1936), o governo [de Léon] Blum nos ofereceria, na França, atividades de lazer definidas por ordem ministerial!...

homem não vive só de pão — e essa é a verdade que está perdida hoje em dia.

A IMPORTÂNCIA PRIMORDIAL DA ATUALIDADE

Nunca tomo notas em viagem. Não quero cumular o espírito com uma multidão de detalhes contraditórios. Quero poder relatar somente o essencial das coisas vistas.

Um repórter não é um simples caçador de imagens, deve saber captar as visões do espírito.

Se seu olho deve ser tão rápido quanto a objetiva do fotógrafo, seu papel não é registrar passivamente as coisas. O espírito do autor deve reagir com agilidade, com seu temperamento de escritor, seu coração de homem.

É nesse sentido, mas somente nesse sentido, que uma reportagem pode ser um documento sensacional, sem se perder em exageros.

Nada é tão comovente para um jornalista que acaba de partir incógnito para o exterior quanto relatar esse mergulho numa atualidade viva, palpitante e recalcitrante, mas de significação geral, e que é o único testemunho real que podemos dar da vida do universo, esse desconhecido. É por isso que os jornais existem e são publicados a cada 24 horas.

Não se trata de ser objetivo. É preciso tomar partido. Sem introduzir algo de seu, o jornalista jamais conseguirá transmitir essa vida atual, que é também uma visão do espírito.

Por isso, quanto mais verdadeiro é um "artigo", mais tem que parecer imaginário. De tanto se colar às coisas, o jornalista está fadado a influenciá-las, e não a decalcá-las. E é também por isso que a escrita não é uma mentira nem um sonho, mas a realidade, e talvez tudo o que jamais poderemos conhecer do real.

DO CIRCUITO DAS "ESTAÇÕES DE ADOBE" AOS "CENÁRIOS MÓVEIS" DO PRÍNCIPE POTEMKIN

Não pensem que estou exagerando. Enquanto Loeb, esse rapaz sensato e abarrotado de cifras, punha-se a falar do futuro, o trem ia atravessando os lendários territórios do Novo México, e meu espírito sentia-se estranhamente perturbado, fosse pelas visões de tempos futuros que meu companheiro desfiava, fosse por aquilo que meus olhos registravam maquinalmente através dos portais do deserto e espaços de solidão que atravessávamos.

Foi na manhã do terceiro dia. Por várias vezes o trem já havia parado numa daquelas imensas estações de adobe — estações-hospedaria, vazias, mas decorativas, feitas de terra batida no velho estilo colonial mexicano, segundo a tradição da região — que Fred Harvey, que era não só o maior cozinheiro do oeste norte-americano, mas também seu moderníssimo administrador,* mandara erigir mais ou menos por toda parte, do Texas ao Arizona, para atrair os turistas — o que o obrigara a mobiliar, ou até a mascarar, as pradarias. É que, por trás dessas estações agigantadas, por trás dessas arquiteturas de imitação, nove em cada dez vezes não existe nada, nem uma aldeola, nem um vilarejo.

Não sei por que esquisitice estabeleceu-se em minha cabeça uma correlação entre as deduções quase matemáticas de meu amigo e aquelas construções novíssimas, porém absurdas.

Tive uma impressão de *déjà vu*, de *déjà entendu*, de erro ou de mentira.

— É um blefe — pensei com meus botões —, um blefe norte-americano...

---

*Frederick Henry Harvey (1835–1901), nascido na Inglaterra, mudou-se para os Estados Unidos aos 15 anos e passou a trabalhar no ramo de restaurantes, em Nova York. Tempos depois, associando-se à Ferrovia Santa Fé, fundou a Fred Harvey Company e criou as Harvey Houses, uma cadeia de restaurantes, hotéis e lojas de suvenires para servir aos passageiros de várias linhas ferroviárias. Em seu auge, a empresa chegou a possuir 84 estabelecimentos. Quando Harvey morreu, ela contava com 47 restaurantes, 15 hotéis e trinta vagões-restaurante na Ferrovia Santa Fé. (*N. da T.*)

Mas não estava satisfeito com essa constatação, e procurei saber o que me lembravam ou me ocultavam essas palavras e aquelas construções.

Em vários momentos do dia eu acreditei ter descoberto o que estava me incomodando, mas, com a ajuda do cansaço, do embalo do trem e da monotonia da viagem, não conseguia entender a razão de meu mal-estar.

— Vejamos — eu disse a mim mesmo, olhando distraído para a paisagem, sempre a mesma desde Chicago, isto é, uma paisagem vazia, onde não havia exatamente nada, nada a acompanhar com os olhos — não se pode condenar um para fazer a apologia do outro, porque o capitalismo e o comunismo são o direito e o avesso da mesma questão, e um não funciona sem o outro... O que me espanta é que, desde que todos começaram a falar disso, esses belos sonhos numéricos de uma distribuição melhor das riquezas e uma exploração melhor do planeta ainda não se tenham realizado!... Miséria humana... Tenho certeza de que cada um desses ideólogos é sincero e está com a razão; mas estou igualmente certo e seguro de que isso não acontecerá como pensa nenhum deles, porque se, a rigor, a economia se deixa dirigir, a vida não é lógica, a natureza não dá saltos; e é por isso que o homem é impotente e não consegue prever nada, pois seu destino não é nem o fim da vida nem o da natureza... Esse raciocínio é científico... Então, como é que ainda podemos deixar-nos tapear pela miragem de uma ideologia ultrapassada? Todos os números de hoje e todos os "cavalos-vapor" do mundo moderno não modificam em nada a marcha dos acontecimentos e o destino do ser humano... Quando os engenheiros, por sua vez, transformam-se em profetas e se põem a delirar, só fabricam uma utopia... O materialismo dialético está obsoleto... É justamente por termos escutado demais e seguido demais e, pobres de nós!, por havermos tentado bem demais pôr em prática as teorias, decerto desinteressadas, mas muito loucas (parece-me que pagamos um preço altíssimo para saber disso hoje em dia!), dos filósofos e economistas do século XVIII (esses doutores não especializados, *amigos do gênero humano*, como costumavam intitular-se, ao se dirigirem não apenas a seus próprios países, como meu "tecnocrata" norte-americano ou como Stalin, mas a todos os povos da Terra), que o mundo atual se debate na esparrela em que caiu...

Loeb é judeu. Pertence a uma família de industriais que têm grande participação nas siderúrgicas de Bethlehem (na Pensilvânia). Tem uma formação científica. Quando se envolveu com o dadaísmo, em suma, estava apenas fazendo suas loucuras da mocidade em Paris. Dos tempos em que freqüentava os Aragon e os Breton, restou-lhe apenas um profundo desprezo pela poesia e pela literatura. No entanto, seus próprios números impeliram esse frio raciocinador a profetizar!... Ou seria simplesmente por atavismo que, levado por uma espécie de delírio verbal, esse homem clarividente cegava-se a ponto de querer aplicar ao futuro os números de um passado recentíssimo, como se o futuro fosse forçosamente produto de divisões e multiplicações e decorresse, sem possibilidade de erro, de seus cálculos controlados?... Eu não escutava mais. Isso já virou uma fraude, porque hoje em dia há gente demais se entregando a esse tipo de profetismo.

Loeb começava a me aborrecer seriamente, e a travessia do continente norte-americano me parecia interminável, quando, de repente, soltei uma gargalhada.

Onde é que eu estava?...

Não, não era possível!... Será que estava realmente no trem, nos Estados Unidos, no século XX?... Não estaria em pleno século XVIII, numa das telegas de uma comitiva, atravessando as estepes da Ucrânia, por ocasião da memorável viagem de Catarina II à Criméia... como tinha acabado de descobrir, num súbito lampejo de compreensão?...

Ora, aquelas estações de adobe do cozinheiro, do administrador Fred Harvey, eram o equivalente aos famosos cenários móveis que o príncipe Potemkin mandara erguer no horizonte, ao longo de todo o trajeto de sua soberana, para iludi-la quanto ao estado de civilização e prosperidade de seu imenso império!...*

Que bela piada! Mas, quem é que se ia querer enganar aqui, nessa democracia, senão o povo soberano, isto é, o cidadão norte-americano, o homem mais orgulhoso do mundo, e que de bom grado se toma pelo tipo exemplar, o modelo, a fênix do século XX?

— Loeb, meu caro — eu lhe disse —, como todos os seus compatriotas, você está sendo vítima do cenário. Preste atenção, olhe...

O trem estava saindo de Lamy. A estação, o hotel-estação El Ortiz, com seu pórtico indígena e seu pátio mexicano, assemelhava-se a um daqueles albergues de Montmartre cuja entrada decorativa em estuque leva a um pequeno jardim estilizado. Era como se estivéssemos na Place du Tertre ou no Au Billard en Bois, a casa de Fanny. E para completar a ilusão, um sujeitinho vestido de vaqueiro, cheio de prospectos na mão, esperava

---

*Episódio ocorrido em 1787, quando o príncipe Grigory Aleksandrovich Potemkin, conselheiro e amante de Catarina II, acompanhou-a numa expedição à Criméia, onde ele pretendia lançar o "Projeto Grego" — uma espécie de restauração do Império Otomano, do qual essa área fora conquistada. As casas e ruas de papelão que ele mandou erguer, verdadeiro cenário teatral, eram "habitadas" por comparsas previamente recrutados para fazer o papel de camponeses. Durante muito tempo, na história russa, as "aldeias Potemkin" simbolizaram os embustes de um poder mistificador. (*N. da T.*)

os clientes problemáticos na plataforma da grande estação de tijolos, onde ninguém descia.

O último caubói num cenário de papelão, plantado no deserto do Novo México!

Guardarei por muito tempo a visão daquele pobre infeliz, de pé com suas botas surradas, espremendo os olhos ao ver partir o trem de luxo, mascando fumo e salivando ao sol.

— Você viu aquele homem? — perguntei a meu amigo. — Arranjou um lugar para ele no seu planejamento? Loeb, acho que seus números o enganam. O príncipe de Ligne, em suas "Memórias", já contou que os engenheiros que a Semíramis do Norte* mandara buscar no exterior para equipar a Rússia calculavam que...

Mas Loeb, furioso, juntou seus papéis, retirou-se do vagão-restaurante e foi se deitar em sua cabine...

Não foi a primeira vez que constatei que os estatísticos não gostam de gente e abominam a história. Em geral, são vaidosos. Duvidar de seus números é ferir-lhes o amor-próprio, porque eles são suscetíveis... Loeb e eu deveríamos rever-nos na Califórnia; eu lhe dera meu endereço no Garden of Allah, em Hollywood, e ele deveria telefonar-me, mas não o fez. Assim, não nos reencontramos. Mas

*Apelido dado por Voltaire a Catarina II da Rússia. (*N. da T.*)

eu soube pelos jornais locais que ele continuava em sua turnê de conferências.

Com muito sucesso, sim, com muito sucesso.

Ah, esses conferencistas, que praga!

São os caixeiros-viajantes da cultura. Mercadejam bugigangas, levantam problemas, oferecem soluções, distribuem receitas, fazem *dumping*.

Mentem, todos eles, e confiam em si.

3

A MECA DO CINEMA

SE VOCÊ QUER FAZER CINEMA, VENHA PARA HOLLYWOOD: MAS, SEM A CRUZ E O ESTANDARTE, NÃO TERÁ SUCESSO!

Quando você desembarca em Los Angeles, é praticamente jogado na rua!

Los Angeles possui numerosos e belos arranha-céus, mas a estação ferroviária da grande cidade é claramente insuficiente. Os longos trens transcontinentais param e desembarcam os passageiros na rua. Assim, ao sair de seu vagão, você cai direto no tumulto barulhento dos bondes, ônibus e táxis.

Pare qualquer desses veículos em trânsito, dê-lhe um endereço e parta em velocidade, ou vá a pé: desse momento em diante, eu o desafio a não se sentir perdido na rua, sobretudo se, como tantos outros, estiver indo a Hollywood com a idéia de um dia fazer cinema lá.

Em Hollywood, todas as ruas levam... a um estúdio! E também, qualquer que seja o ritmo em que você ande, e seja qual for a direção que tome e o tempo que leve para se orientar, qualquer dessas ruas que se cruzam à sua frente e que seguem em linha reta para o leste, o oeste, o sul e o norte, acabará fatalmente em um muro.

Esse muro é a famosa muralha da China que cerca todos os estúdios e que faz de Hollywood, que já é um lugar difícil de se atingir, uma verdadeira cidade proibida, ou até mais ou pior do que isso, porque Hollywood comporta vários recintos internos que delimitam diversos kremlins que bloqueiam o acesso a diversos locais; e creio que não é apenas por causa do esplendor e da atração exercidos por seus astros pelo mundo afora que se batizou Hollywood (cujo slogan é: *Hollywood, onde as estrelas brilham dia e noite*) de Meca do Cinema, mas, sim, apropriadamente falando, sobretudo por causa do acesso a seus estúdios, que é praticamente intransponível para os não iniciados, como se, realmente, querer penetrar em um estúdio equivalesse a querer entrar à força no santuário dos santuários!

Portanto, se quiser fazer cinema em Hollywood, venha!... mas faça-se anunciar com o máximo de publicidade, crie sensação, caso contrário, sem a cruz e o estandarte, você não passará, porque existe o muro.

O BURACO NO MURO

Esse muro, que cerca todos os estúdios, é vazado por uma pequena abertura em que há, infalivelmente, uma multidão, porque todas as outras saídas do recinto têm barricadas, grades e trancas – fechadas.

Essa pequena abertura, essa estreita porta entreaberta, dá para um corredor ou uma antecâmara onde se abre a bem-aventurada entrada do estúdio, pela qual tanta gente deseja intrometer-se.

Mas, antes de poder transpor a soleira e, com o coração aos pinotes, empurrar a roleta de controle que lhe dará passagem e soará maliciosamente às suas costas, registrando sua entrada, é preciso, seja você quem for, ficar parado longamente diante de um guichê aberto na parede do fundo, na qual vem enquadrar-se a cabeça anônima de um fariseu, cabeça esta que é a do "Cérbero" do lugar.

Cabeça? Mas que é que estou dizendo? Esse porteiro, que ora berra, ora sussurra ao telefone, seja em qual quantidade, e seja qual for seu tipo — bruto, desmancha-prazer, triste, impassível, jovial, dissimulado, raivoso, frio, de uma cortesia exagerada, aturdido, burro, limitado, mau, sonhador ou sorridente —, esse monstro de hipocrisia sempre me fez pensar, em todas as ocasiões, que eu lidava com ele (e era por isso que me mantinha em guarda) como com o guardião do inferno pagão, que, como todo mundo sabe, era um cão de três cabeças: a primeira, sempre levantada, uivava para a lua; a segunda, de olhar irascível, babava, espumava e rosnava sem cessar; a terceira, da qual ninguém desconfiava, porque ficava abaixada e parecia adormecida, dava botes bruscos para morder, pelas costas, os tornozelos dos amaldiçoados que passavam... E, de fato, era em amaldiçoados que me faziam pensar os transeuntes detidos à porta dos estúdios, esperando pacientemente, sem nunca desanimar, uma mensagem vinda lá de dentro, ou a boa vontade de um porteiro mentiroso e que lavava as mãos: toda aquela gente de condição modesta, mas entusiasmada com o cinema e cheia de fé — homens, mulheres, rapazes, moças, crianças pequenas, vindos de todas as cidades do mundo, para ficar na antecâmara do inferno desse paraíso artificial que é o cinema!

OS FARISEUS

Dante colocou no alto da porta que descia ao inferno a célebre inscrição: "Deixai aqui todas as esperanças, ó vós que entrais..."

Em Hollywood, se é muito mais breve, muito mais direto, muito mais cínico. Ninguém se dá ao trabalho de formular belas frases. Diz-se às pessoas somente o que é necessário dizer, e, na impossibilidade de fazê-lo brutalmente em cinco letras, diz-se em duas palavras. Estampa-se no alto da porta, para uso dos que teimam em querer entrar, um cartaz: *Não entre!* Ponto. Só isso. Pior para quem não entender, pior para os que vierem a quebrar o nariz ou os ossos, e pior ainda, ou tanto melhor, para os que conseguirem passar. Veremos o que virá depois.

NA UNIVERSAL

Assim é que, na entrada da Universal Films, acima do guichê e de seus ocupantes que meu amigo Jean Guérin soube tão bem representar com a ilustração do Cérbero (um tipo bastante difundido na população dos Estados Unidos), ficava colado um cartaz com os dizeres: *Inútil esperar. — Inútil insistir. — Você está perdendo tempo. — Recomendações não lhe servirão para nada. — Este lugar não foi feito para você. — Não entre.*

Com isso, estava resolvido.

Mas como, por outro lado, Carl Laemmle, o presidente dessa companhia, faz uma publicidade desenfreada nos jornais, anúncios assinados com seu nome nos quais pede pessoalmente ao público a gentileza de colaborar com ele, enviando-lhe observações, comentários e sugestões, e se compromete a pagar em espécie 50 a 100 dólares caso a idéia seja aceita, é, talvez, na porta da Universal que ficam "plantados" mais patetas.

Se esses pobres infelizes não entendem nada do ostracismo do porteiro, eu lhe confesso, cá entre nós, que essa espécie de camaleão ressequido, que banca o atordoado, sempre finge não saber do que se trata quando lhe damos o nome de um dos diretores da casa, e, mesmo quando lhe apresentamos uma convocação urgente e assinada, ele se faz de inocente e afirma não saber do que se trata!

NA PARAMOUNT

Na Paramount, a equipe que se reveza no guichê é toda do estilo boxeador. São rapazes parrudos, bem proporcionados e muito decididos. Mas não são nem um pouco "camaradas"! Se você se chama Durand, eles anunciam o sr. Dupont, e se você pede para ser posto em contato com o sr. Adam, eles o encaminham friamente ao sr. Cook.

Um dia, um desses jovens mata-mouros, que me fizera soletrar três vezes não a palavra "Constantinopla", mas meu nome, e que o havia anotado corretamente diante dos meus olhos — *C-e-n-d-r-a-r-s* —, teve a desfaçatez de anunciar a uma estrela que me esperava, achando que eu não captaria o nome que ele escamoteou ao telefone, "que um tal de sr. Wilson estava pedindo para vê-la!".

É de se supor que esses truques sejam de uso generalizado na empresa, e que os lunáticos das portarias os usem faça chuva ou faça sol porque, toda vez que um dirigente da Paramount marca um encontro com alguém, é obrigado a descer ou a mandar sua secretária lá embaixo, para preencher de antemão uma ficha de entrada, pois um simples telefonema não basta para vencer o humor extravagante dos boxeadores. Muitas vezes, por outro lado, constata-se que essa ficha se extraviou, quando a pessoa se apresenta ao guichê na hora marcada, e foi assim que, um dia desses, sucedeu a Charles Boyer, que só dispunha de uma horinha para almoçar, enregelar-se e morrer de fome esperando por mim no restaurante do estúdio, enquanto um jovem atleta distraído, que tinha extraviado minha permissão para circular livremente, tentava me aplicar sua instrução de cérbero, que consistia justamente em não deixar passar ninguém! Tive que parlamentar durante 45 minutos e incomodar vinte pessoas, até obter ganho de causa e conseguir passar... e então sair à procura de Charles Boyer, que tinha acabado indo embora sem almoçar, premido pela hora.

NA UNITED ARTISTS

Na "Artistas Associados", o funcionário de serviço no guichê é não apenas de um gênero totalmente diferente dos jovens boxeadores em treinamento na Paramount, como também de outra geração e até de extração social muito diferente, como convém a essa empresa bem-pensante, a mais ilustre do mundo do cinema e a única, em Hollywood, que faz questão da urbanidade e da civilidade.

Assim, foi um homem afável que me acolheu quando me apresentei — um senhor de certa idade e gestos protetores, envolvente; mal esse prezado senhor me dera tempo para formular um desejo ou pronunciar um nome, tamanha era sua pressa em me ser agradável, já foi apertando um botão e a porta se abriu à minha frente. Quando eu ia passando, esse *Cérbero-gentleman* levantou-se e me acompanhou por três passos, para esclarecer bem as indicações que me dera. Fiquei confuso e me desmanchei em agradecimentos.

Convém dizer que segui ao pé da letra suas instruções: setor Sul, prédio 39, corredor B, elevador III, primeiro andar, escritório 13... e, quando cheguei a meu destino, entrei num escritório — aquecido, é claro — com uma rosa vermelha num vaso, cigarros, fósforos, uma rama de papel em branco, lápis cuidadosamente apontados e os jornais do dia: um escritório sem um grão de poeira, mas um escritório onde nunca havia ninguém e cujo telefone era surdo-mudo!

Tive que lidar por três vezes com esse sonso imperturbável da United Artists e, a cada vez, ele me pregava a mesma peça. Pensando bem, isso só me surpreende em parte, porque, desde o primeiro momento, eu havia achado que o sujeito não tinha um ar lá muito católico, com sua cabeça de velho santo de almanaque, que deveria ser barbudo e cabeludo, mas que, justamente, tinha acabado de passar por um corte à escovinha, pelo barbeador elétrico e pela pedra-pomes, o que era espantoso, engraçado e inconcebível até para um desarraigado, mas que o americanizava de um modo dos mais suspeitos.

Na terceira vez, sabendo que todas as indicações desse maldito farsante eram erradas, achei a coisa engraçadíssima e aproveitei a ocasião para me aventurar por esses estúdios imensos que reúnem uma dezena de empresas, dentre elas a companhia de Marie Pickford.

Os escritórios particulares dessa atriz, nos quais dei uma espiada indiscreta de passagem, compõem-se de uma fileira de cubículos separados por biombos de tela de Jouy, com senhoras muito distintas debruçadas sobre máquinas de escrever, como se fossem máquinas de costura (Marie Pickford é hoje a *dame patronesse** de Hollywood) e um amor de cãozinho branco, não maior do que um novelo de lã jogado da mesa de chá, caído no tapete, como um *chou à la crème.***

Foi também nesse dia que encontrei, na esquina de um prédio e entrando furtivamente num pátio, Douglas Fairbanks, que os jornais anunciavam ainda estar em Cannes e que surpreendi voltando incógnito para essa casa que outrora foi sua, e que talvez ainda o seja, pelo menos a metade. Ambos abotoados em nossos impermeáveis, com a gola levantada e o chapéu abaixado sobre os olhos, por causa da chuva, tínhamos o ar de dois ladrões. Passando rapidamente por mim, mas sem me encarar, ele virou-se para ver quem eu era, e não me reconheceu... e, de minha parte, eu não quis correr atrás dele para lhe apertar a mão, achando que Doug não desejava ter sido visto...

NA MGM

Na Metro-Goldwyn-Mayer, na primeira vez em que lá estive, havia algumas centenas de marinheiros japoneses entupindo o corredor. Ao abrir caminho por entre eles,

---

*Expressão usada para designar uma mulher que se ocupa com caridade. (*N. da E.*)

**Tipo de *pâtisserie* recheada com creme. (*N. da E.*)

pensei estar dando encontrões em figurantes uniformizados. Mas me enganei, como a gente pode se enganar a cada passo na confusão dos estúdios hollywoodianos, pois nunca se sabe ao certo se a pessoa em cujo pé se pisa é um personagem verdadeiro ou falso, sobretudo quando essa pessoa usa um uniforme ou exibe condecorações.

Pois meus marinheiros japoneses eram de fato marinheiros de verdade. Estavam de licença de um cruzador de combate da Marinha Imperial, tinham ido fazer um passeio em Hollywood e todos pediam, como pude escutar com meus próprios ouvidos, ao me aproximar do guichê, para ver "*a sra. Roma e o sr. Djuliat!*" — porque, nessa ocasião, a MGM estava filmando *Romeu e Julieta*, de Shakespeare, com a fulgurante Norma Shearer como protagonista.

Ora, como todo mundo sabe, essa estrela é uma criatura muito caprichosa, que não suporta a presença de nenhum estranho no estúdio quando está filmando, porque isso a deixa nervosa e tira todos os seus recursos.

O que significa dizer que os japoneses haviam chegado realmente em má hora, e que o cérbero do lugar teria tido mil razões para se exasperar naquela manhã. Pois bem, nada disso! Esse homem de extraordinário sangue frio e prodigiosa destreza, um verdadeiro cérbero-virtuose, deixou-me pasmo, pois, com certeza, era muito mais forte que Napoleão, e a cena que protagonizava quando finalmente cheguei ao guichê encheu-me de admiração.

Dizem que Napoleão ditava sua correspondência a dez secretários ao mesmo tempo; pois o porteiro da MGM falava e respondia em 11 telefones de uma vez. Tinha um buquê de fones em cada mão, os japoneses o atormentavam com seu falatório, e, se ele estava conectado a Norma Shearer ou a alguém de seu estado-maior, deviam estar-lhe dizendo sabe Deus o quê, do outro lado dos fios, e com certeza não eram palavras amáveis. Pois nada disso o impediu de me perguntar (com forte sotaque alemão) o que eu queria e, ó, cúmulo do inacreditável!, colocar-me imediatamente em contato com o sr. Vogel, o próprio sr. Robert M. W. Vogel, o diretor de publicidade internacional que eu efetivamente queria ver, e não com um sr. Lévy qualquer, nome que por lá é grafado como "*Lavee*", não por camuflagem, mas de acordo com a pronúncia local.

Como essa foi a única ocasião em que fui recebido de imediato em Hollywood, muitas vezes me perguntei, desde então, se não teria sido por engano ou por um acaso fortuito, ou se, naquele poderoso truste teuto-americano, o bom senso prático e a ordem alemães não estariam (já que sob o inglês fluente da maioria dos empregados dessa companhia transparece um sólido sotaque de origem) em processo de forçar, de reduzir as complicações, as infantilidades e os não-me-toques de uma administração atolada em minudências insignificantes e no papelório, e de dar uma grande lição de eficiência e energia à organização norte-americana, tão freqüentemente fútil, gratuita ou cheia de furos, ou que então se exerce no vazio, é um luxo inumano, puro tecnicismo, arte pela arte.

E se eu lhe dissesse que me informei e fiquei sabendo que esse Cérbero-virtuose era um jovem nazista recém-desembarcado da Alemanha, será que disso poderíamos tirar alguma conclusão?

É bem possível que sim...

4

A NOVA BIZÂNCIO

DA ARITMÉTICA AO MITO

Três ferrovias ligam o leste ao extremo oeste norte-americano. Essas ferrovias travam uma concorrência acirrada em matéria de conforto e velocidade. Três linhas ultrarápidas de aviões transcontinentais, dentre elas os da TWA, os da famosa linha Lindbergh, competem em conforto e preço com os trens. Três auto-estradas modernas seguem em linha reta "*from coast to coast*", do Atlântico ao Pacífico, e nessas retas correm inúmeros ônibus aerodinâmicos e de cores espalhafatosas, que rodam dia e noite (ao anoitecer, o motorista aperta uma alavanca, todas as poltronas se inclinam ao mesmo tempo e os turistas se descobrem deitados!). Eles levam dez vezes 24 horas entre Nova York, São Francisco e Los Angeles, e todo mundo os pega, por causa de sua tarifa, que é uma pechincha inédita — 30 dólares —, ao passo que o trem, que faz o percurso em três dias e meio, custa 130 dólares, e o avião, que, por outro lado, leva menos de 18 horas, custa 160 dólares. Dezenas de navios, com bandeiras de todas as nacionalidades, ligam diretamente os portos da Europa e da Ásia aos portos da Califórnia. Sem falar nas estradas para automóveis, nas linhas férreas, nos aviões e nos barcos que sobem do México ou descem do Canadá, tamanho é o trânsito que converge de todos os pontos cardeais para Hollywood, que, na maior parte das vezes, é preciso reservar o lugar de antemão.

Isso não surpreende, dirá você, já que acontece nos Estados Unidos, já que os norte-americanos não param quietos e já que são incontáveis no mundo os adeptos fervorosos do cinema, atraídos por Hollywood por razões de amor, dinheiro, glória, poder e prestígio, de posições a buscar e idéias a trocar, de futuro, criação e arte.

Mas você se esquece que, sendo os Estados Unidos o país da quarta dimensão, tudo ali assume prontamente proporções tamanhas que tudo se torna vertiginoso e, pela multiplicação de um milhão de notícias e pequenos detalhes muito precisos, brilhantemente lapidados, que se refletem infinitamente uns nos outros e iludem de tanto se repetir, a própria vida, num piscar de olhos, parece tornar-se irreal, transformar-se em mito.

750 MIL FOTOGRAFIAS, 35 MIL CARTAS DE AMOR

E se pensar que, em 1935, a Paramount, sozinha, pôs no correio 750 mil fotografias de artistas, endereçadas à imprensa e aos fãs, isto é, a fanáticos do cinema que as haviam solicitado, e que Clara Bow, batendo todos os recordes conhecidos do *sex appeal*, recebeu, em sua época, até 35 mil cartas de amor em uma única semana!

Como há em Hollywood, no mínimo, oito grandes trustes cinematográficos e não sei quantas dezenas ou talvez centenas de estrelas, podemos imaginar o volume postal que representa cotidianamente esse correio internacional, e o movimento de curiosidade e, portanto, de atração, que essa imensa correspondência atesta.

UMA FÁBRICA OU UM TEMPLO?

A corrente de interesses e de entusiasmo humano desencadeada pelo cinema tornou-se tão ameaçadora para

Hollywood que Hollywood teve que tomar providências defensivas desumanas e desproporcionais a fim de represar esse delírio alimentado por sua própria publicidade, e é por isso que tudo não passa de engodo nesse círculo vicioso.

É que o muro que cerca cada estúdio não é apenas simbólico, como se poderia supor, um muro que separa a vida do sonho, o país da realidade de um mundo imaginário, mas é também e verdadeiramente um muro de pedras, em cujas duas faces se desenrola uma tragédia dupla, tipicamente norte-americana, por causa do drama que eclode numa cascata de episódios, muitas vezes da mais alta comicidade. (Se você já se impressionou com a maldade e a ferocidade que muitas vezes se destacam nos filmes cômicos norte-americanos, compreenderá facilmente que esses filmes, inclusive os mais malucos e mais acelerados, inspiram-se diretamente na realidade e na vida, e que sua fabulação e seu ritmo se devem a uma observação profunda e, portanto, verdadeira.)

Do lado de fora do cerco, multidões de homens vêm bater ao pé do muro e encalhar à porta dos estúdios; do lado de dentro, seres ilustres, certamente célebres, mas de carne e osso, cativos dos estúdios, escravizados, muitos deles sonhando apenas se libertar, só fazem pedir para sair, para viver.

Com a possível exceção de Monte Carlo, não há cidade no mundo em que as pessoas se suicidem tanto quanto em Hollywood, no meio cinematográfico — e é também nesse sentido que, a despeito de sua materialidade, o cerco é, afinal, um muro simbólico: a entrada que o vaza não é comparável a nenhuma outra, pois os estúdios a que ela leva são a fábrica das ilusões, e essa fábrica de renome mundial é, para muitos, um templo.

TOEDIUM VITAE

O City Hall, a prefeitura de Los Angeles, cidade-mãe de Hollywood, é um monumento grande, orgulhoso e frio. Quando se está diante dele, vê-se que é de tão belo equilíbrio, parece tão solidamente plantado e se afigura um produto tão puro da razão, do equilíbrio e do fio de prumo, que hesitamos em penetrar em seu interior para consultar as fichas da desrazão e do desespero.

É nesse imóvel, no entanto, no 17º andar, num pequeno escritório — o escritório do recenseamento —, que podemos descobrir, com os documentos na mão, o número anual dos desiludidos de ambos os sexos que se suicidam ou tentam suicidar-se sob o belo sol californiano.

Esses documentos são escrupulosamente atualizados e as fichas são classificadas, primeiro por ano, depois pela idade dos desesperados e, por fim, por categorias: pessoas que se suicidam por estarem envolvidas com questões de entorpecentes ou de costumes, por estarem presas ou para evitar a prisão, por assuntos domésticos, financeiros ou amorosos, para não ir à escola (*sic*) ou por terem sido repreendidas pelos pais, por serem loucas, bêbadas, drogadas, desgostosas da vida em geral, depois da perda de um ente querido, por motivos de saúde ou por serem mocinhas grávidas etc. etc...

Dessa pilha de documentos oficiais, copio para você apenas as duas estatísticas seguintes:

Ano de 1930

CIDADE	POPULAÇÃO	NÚMERO DE SUICÍDIOS	% POR 100.000	ÍNDICE PERCENTUAL	PROGRESSÃO
Nova York	6.930.445	1.378	19	204	+
Chicago	3.376.438	540	16	172	+
Filadélfia	1.950.961	332	10	107	+
Detroit	1.568.662	208	13	139	+
Los Angeles	1.238.048	439	35	374	+

Período: junho de 1932/junho de 1933 (Los Angeles)

Modo empregado	SUICÍDIOS			TENTATIVAS		
	Homens	Mulheres	Total	Homens	Mulheres	Total
Fogo	0	1	1	0	0	0
Água	5	1	6	1	1	2
Gás	32	22	54	56	57	113
Armas de fogo	152	21	173	12	7	19
Enforcamento	31	10	41	1	1	2
Clorofórmio	6	1	7	1	3	4
Atirar-se diante de um veículo em movimento	3	0	3	0	0	0
Atirar-se do alto de uma ponte ou de um arranha-céu	13	12	25	2	7	9
Saltar de um veículo em movimento	0	1	1	0	0	0
Faca, tesoura, cacos de vidro	7	0	7	16	5	21
Estilete	6	2	8	34	21	55
Veneno	61	54	115	128	438	566
Desconhecido	2	0	2	0	1	1
TOTAIS	318	125	443	251	541	792

% 443 suicídios: Homens 72% Mulheres 28%
792 tentativas: Homens 32% Mulheres 68%

A primeira dessas estatísticas mostra que, das cinco maiores cidades dos Estados Unidos, Los Angeles chega proporcionalmente à frente, com 439 suicidas em 1930; a segunda estatística fornece em detalhe o tipo de morte escolhido ou tentado por 1.235 desesperados dos dois sexos em 1933 (por uma questão de discrição, não quiseram me deixar tirar cópia de uma estatística mais recente, por causa dos nomes que figuravam nela). Eu assinalaria, aliás, que em todo o país os suicídios estão em alta.

O CONE DE SOMBRA

Agora, se perguntarmos às autoridades de Los Angeles a que elas atribuem esse triste recorde, o chefe do escritório de recenseamento da prefeitura atribuirá o índice elevado de suicídios ao sol da Califórnia, "que perturba facilmente o cérebro", no dizer dele; nesse ponto, ele entra em flagrante contradição com seus colegas, como o diretor do serviço de higiene social, que estabeleceu 332 dias de calor perfeito em 1935, "o que não é maldição para ninguém, sobretudo para os pobres", segundo disse, "porque, onde o sol entra, o médico não entra", e o diretor da propaganda turística e esportiva, que afixa em toda parte a formulação: "*Venham para a Califórnia — para the Sun-kissed California!*",* o que poderia ser o começo de um hino védico. Recordo, a título de lembrete, que esses dois

---

*"Para a Califórnia beijada pelo sol". (*N. da T.*)

altos funcionários da cidade de Los Angeles, em suas declarações otimistas, concordam com o depoimento dos velhos cronistas espanhóis dos séculos XVI e XVII, que também já enalteciam o clima ideal da Califórnia e a excelência de seu solo; portanto, Frederick L. Hoffman, o diretor do serviço de recenseamento, um homenzinho rabugento, ruivo e de óculos de lentes grossas, deve estar errado.

... Mas, será que não se trata, antes, daquele sol artificial captado nos estúdios de Hollywood, que se reacende todas as noites nas salas de cinema do mundo inteiro, cujo facho animado, sonoro e luminoso, mas carregado de uma luz estranha, efetivamente perturba os cérebros, e cujo trágico cone de sombra vem varrer Hollywood em pleno dia, de forma invisível, e atingir no coração, como um eclipse ou um contragolpe, os desiludidos e as estrelas?...

CLIMA DE FÁBRICA E DE ESTUFA

Essa visão excessivamente melancólica parece totalmente falsa, ao passearmos pelas ruas alegres e animadas de Hollywood, onde automóveis repletos de uma juventude despreocupada (mas será que eles têm tanta pressa assim, ou são simplesmente preguiçosos, todos esses rapazes e moças em trajes de fantasia, que nem sequer descem dos automóveis para comer?) cercam as barracas de sanduíches, de *hamburgers* e de cerveja; mas ela parece mais do que verossimilhante, no entanto, ao entrarmos nos estúdios superaquecidos, cujo clima de fábrica e de estufa é tão incômodo quanto bizarro.

Tendo eu mesmo feito cinema e direção cênica durante anos, na época do "cinema mudo", certamente fiquei, ao entrar pela primeira vez num estúdio de Hollywood, muito menos surpreso ou propenso a achar as coisas divertidas do que outra pessoa — por exemplo, um visitante benevolente e não iniciado —, diante do pitoresco, do inesperado e das diferentes facetas de uma sessão de filmagem; notei imediatamente, ao contrário, a diferença introduzida pelo "cinema sonoro" no trabalho executado nos *sets*.

Não estou aludindo aos aperfeiçoamentos nem às transformações no equipamento dos estúdios, e, menos ainda, à aparelhagem monstruosa, complexa e refinada que essa nova técnica sonora introduziu ou exige atualmente, pois isso me parece normal, após um afastamento dos estúdios que durou dez anos; o que quero falar é do trabalho que vi efetuar-se em toda parte e da maneira de trabalhar de todos os colaboradores de um filme.

TRABALHO BEM ORGANIZADO, MAS SEM ALEGRIA

O que me impressionou ao entrar, antes de mais nada, foi ver o grande número de pessoas que atravancam a cena e se agitam em suas tarefas em torno do diretor e de seus intérpretes.

Como não se perde um minuto, e não há paradas repentinas nem hesitação no andamento do trabalho, em suma, como a coisa "gira redonda", de manhã à noite, apenas com o tempo exato de interrupção na hora do almoço, concluí que, como numa fábrica, cada um sabe exatamente o que tem de fazer, e não demorei a compreender que a equipe em torno do diretor compõe-se, hoje, exclusivamente de especialistas. De imediato, porém, tive também a impressão de que falta entusiasmo nesse trabalho contínuo e apressado, e de que, se cada homem que se empenha em sua atividade em seu canto conhece bem seu papel, e executa seu trabalho quase automaticamente, ele não tem interesse pelo conjunto e não pensa nem por um minuto no resultado final, que é, no fim das contas, uma obra de arte.

Afora o título e à parte o diretor, e talvez também os atores principais de um filme, duvido muito que a equipe saiba sequer o que está filmando, a tal ponto é a pressa que vejo em concluir o trabalho do dia que tudo se faz com rapidez, certamente, mas sem alegria.

Tantos metros, tantas cenas por hora, em tal e qual cenário. Cada dia impõe sua tarefa. E as pessoas se curvam. E a tensão de todos é extrema. Vez por outra, alguém acende um cigarro para relaxar. Mas, do diretor e da estrela até o último eletricista e o mais ínfimo aderecista, ninguém tem o ar contente, porque todos se sentem vigiados pelos cronometristas e especialistas que planejaram o roteiro, estabeleceram o horário de trabalho, distribuíram os papéis, fixaram as funções e seus empregos, e calcularam as despesas, as responsabilidades e as probabilidades, assim como a escala dos salários. É verdade que são salários altos, altíssimos, e que as oportunidades também são enormes...

Nessas condições, entretanto, esse trabalho no estúdio, que nada mais tem de artístico, sendo, antes, um trabalho em série, cansativo, extenuante para todos, acaba por desconcertar, desanimar e deixar insatisfeitos os artistas que têm personalidade e talento, e que vêem todos os seus dons ficarem confinados numa atividade que, de uma ponta à outra do ano, é sempre a mesma; faz também perder o viço, ou tira rapidamente da moda a beleza viva dos atores, a qual se faz força para fixar de uma vez por todas num tipo que tem que permanecer imutável; e é capaz de abater o diretor mais talentoso e mais fértil em idéias.

É que a disciplina é muito rigorosa nos estúdios de Hollywood, e há uma regra inflexível: não se pede que a pessoa tenha talento, mas que obedeça e trabalhe depressa.

RACIONALIZAÇÃO

Assim é que, por força das circunstâncias e por terem querido racionalizar em demasia uma arte que deu origem a uma das primeiras indústrias do mundo moderno (os magnatas do cinema norte-americano, que investem centenas de milhões de dólares por ano na indústria do espetáculo, auferiram em suas bilheterias 2 bilhões e 300 milhões de dólares em 1929, o ano da grande crise, mas, no trem, Harold Loeb afirmou que, com a "prosperidade", eles poderiam ter embolsado 5 bilhões!), os técnicos do cinema sonoro acabaram fazendo um trabalho em série, um trabalho em cadeia, talvez mais econômico e ainda mais lucrativo para os *producers* e para os trustes, porém decepcionante para todos os outros colaboradores do filme, uma vez que a racionalização transformou o trabalho livre da criação artística, nos estúdios de Hollywood, numa série de receitas ou operações previstas, mas esquisitas e tão complicadas que a arte da filmagem não é hoje uma arte, e sim um ritual bizantino.

E é por isso que se faz necessária a presença de não

menos de cinqüenta pessoas para gravar a tomada geral de um beijo, e que a idéia de um filme passa pelos 68 departamentos especializados que compõem a organização de uma grande empresa cinematográfica, antes de ser dirigida e finalmente projetada na tela de um cinema público!

O DESFILE DO BEIJO

Vejamos a enumeração das cinqüenta pessoas cuja presença é indispensável para gravar a tomada geral de um beijo trocado por um jovem casal de apaixonados, digamos, numa clareira, e que se acreditam... enfim sós!

"Beije-me depressa, querida!", diz o rapaz, e a moça lhe oferece os lábios, castamente, languidamente, apaixonadamente, ávida, surpresa, sobressaltada, hesitante, ou então impetuosa e arrebatada etc. etc. etc...

Para gravar essa cena banal e minúscula — mas que tem sua importância no filme, uma vez que talvez seja para vê-la que milhões e milhões de outros casais se demoram todas as noites no cinema, e que Will Hays (o ditador, o czar norte-americano da censura cinematográfica mundial, esse Quai-d'Orsay de trezentas embaixadas) interveio pessoalmente e em diversas ocasiões, junto às grandes empresas, para regulamentá-la, planejando com minúcia a duração do beijo —, é necessária a presença: para começar, dos dois atores; além deles, precisam estar lá: um diretor, dois assistentes de direção, duas *script-girls*, secretárias do diretor; dois operadores de filmagem, dois assistentes de filmagem, dois assistentes dos operadores (para segurar a câmera), um fotógrafo; três maquinistas, dois contra-regras, um pintor; quatro eletricistas, um eletricista-chefe, três mecânicos dos geradores; um engenheiro de som, chamado de *mixer*, um operador de microfone, um assistente de microfone (para segurar o aparelho), um responsável pela gravação do som (isolado em sua cabine); dois dublês dos protagonistas; um mordomo, uma empregada, uma camareira ou camareiro profissionais para vestir os atores, um maquiador; dois encarregados do bufê, para fornecer e servir o almoço de todos; um motorista para a caminhonete desses encarregados, sete motoristas para os veículos de locação da trupe, um motorista para o caminhão do grupo que cuida da parte elétrica, um motorista para o caminhão dos acessórios, um motorista para o caminhão dos eletricistas e um motorista para o caminhão de som.

Faça a soma e verá que chegamos a cinqüenta.

Você acha que não há mais ninguém em volta de nosso casal de apaixonados, e dirá realmente que estou exagerando, se eu acrescentar mais alguém?... Pois bem, ainda há mais um, e que fica de mau humor e acha que a coisa está demorando demais, está se arrastando, e que não é nada disso, e que esse beijo...

— Vamos, meus filhos, mais depressa, mais depressa, façam as coisas direito, para variar, andem logo!...

É o *producer*, que mastiga raivosamente seu charuto, pensando na despesa absurda acarretada por esse beijo e na imensa receita que ele pode trazer... E, quando não é o *producer* em pessoa que está presente, é seu irmão ou seu sobrinho, ou, então, toda a sua família, sua mulher e as amigas dela...

Portanto, são muito mais de cinqüenta, e todo mundo tagarela, discute, bisbilhota, compara, dá opiniões, comenta, gargalha, ri, inveja, censura e aplaude esse beijo — esse falso beijo. E, terminada a coisa, todo o mulheril falastrão vai tomar um coquetel na cidade, um "*kiss-me-quick*", aquele do qual Mae West gosta, no Vendôme ou no Trocadéro, as duas boates da moda.

AS METAMORFOSES DA IDÉIA

Se você tem uma idéia para um roteiro, não a registre por escrito nem a envie a Hollywood pelo correio, por mais tentadoras que possam ser as caixas postais, e, principalmente, não alimente ilusões, porque, mesmo que sua idéia seja genial, ela não valerá o preço do selo: *ela lhe será devolvida sem ter sido lida*.

Esse procedimento é uma regra absoluta e é a principal razão de ser do IDÉIAS, o primeiro dos 68 departamentos especializados que compõem a organização de uma grande empresa cinematográfica pelos quais um filme tem que passar, desde a concepção até a filmagem e a exibição.

Eis a lista dos principais desses departamentos. Forneço-a na ordem de funcionamento, segundo a qual cada departamento deve intervir, por sua vez, em prol da boa realização de um filme, e para facilitar o andamento geral de um assunto tão complicado. Não se sabe o que cabe admirar mais, se o formalismo ou a complexidade de tal organismo oficial. A mim, o que me surpreende é que esse conjunto bizantino funcione e chegue a produzir filmes, sejam eles bons ou ruins.

DEPARTAMENTOS:

I. IDÉIAS. Não só esse departamento devolve *sem ler* as idéias de roteiros que encontra em sua correspondência, uma vez que tem as suas próprias, como também lhe sucede — para provar às autoridades do truste que ele exerce, uma espécie de monopólio de fato, e que fora de seu privilégio não há salvação — recorrer a idéias alheias por astúcia, assim como um juiz de inquirição joga verde para colher maduro. O departamento de IDÉIAS organiza então um concurso de roteiros, já com a intenção oculta de nunca iniciar a filmagem da obra premiada!

E foi assim que, num recente concurso, anunciado com estardalhaço na imprensa por uma grande empresa de Hollywood, oito especialistas do departamento de IDÉIAS, que para isso receberam um adicional de 1.000 dólares por semana, tiveram que abrir, classificar e ler os 30 mil roteiros recebidos, sendo que nenhum deles foi conservado! Mas o título do filme anunciado por esse concurso, *Os Dez Mandamentos*, foi divulgado para o grande público com o máximo de sensacionalismo — e esse título, os ardilosos confrades do departamento de IDÉIAS é que o haviam descoberto, assim como a esse truque publicitário inédito.

Quando o filme foi lançado, deu margem a uma profusão de processos por plágio.

II. LEITURA. Esse departamento alimenta o de IDÉIAS, fornecendo-lhe sugestões. Nele se lê tudo o que é publicado no mundo inteiro. Cada empresa lê aproximadamente 25 mil livros por ano. Estes são não apenas triados e analisados sob a forma de resumos, mas reduzidos à condição de esboços de roteiros, o que, no belo jargão desse campo, é chamado de "sinopse".

São essas "sinopses", e não os livros, ou, como eles dizem, "os originais", que são classificadas ou catalogadas e guardadas nos arquivos, e é com base nesse primeiro esboço anônimo, na "sinopse", e não no livro, que os escritores ligados à empresa são posteriormente chamados a trabalhar na preparação do roteiro, caso o departamento de IDÉIAS aprove a idéia do livro. É por isso que tantos escritores — Carco, O'Flaherty,* eu etc. — não mais reconhecem sua obra, depois que ela é levada à tela.

Em Hollywood, o autor é um chato. Ele já recebeu seus direitos, logo, só lhe resta ficar calado.

III. EXECUTIVO. Esse departamento comunica a idéia do setor IDÉIAS aos vendedores e distribuidores espalhados por todo o território dos Estados Unidos. Leva em conta as reações desses agentes, que mantêm contato comercial com os exibidores, os quais, por sua vez, mantêm relações cotidianas com o público das salas de exibição. O EXECUTIVO faz com que o departamento de IDÉIAS modifique a idéia aceita, de acordo com as críticas, conselhos e opiniões que recebe.

Esse departamento também se mantém em comunicação com seus agentes no exterior e até inicia sem demora a publicidade em torno da idéia de um filme, para ver a reação no exterior e poder mandar corrigir urgentemente o roteiro, se houver motivo para isso.

---

*Francis Carco (1886-1958), autor francês, entre outros, do romance *Jésus-la-caille*, que foi levado às telas; e Liam O'Flaherty (1896-1984), autor irlandês com vários livros adaptados para o cinema, entre eles *The Informer* [O delator], dirigido por John Ford em 1935. (*N. da T.*)

É essa a origem de tantas notícias falsas que vemos publicadas na imprensa mundial, toda vez que Hollywood inicia um novo filme.

IV. JURÍDICO. Esse departamento se ocupa de todas as questões legais concernentes ao estúdio: contratos com escritores e artistas, direitos autorais, seguros etc. etc. Ele tem que considerar cada produção sob todos os seus aspectos jurídicos, a fim de evitar litígios e pedidos de indenização, principalmente os processos por difamação, sempre muito numerosos, abertos por indivíduos isolados, grupos, coletividades, ou até uma nação inteira.

Apesar de seu faro, de sua prudência e da dedicação de seus especialistas à coisa cinematográfica, esse departamento fica abarrotado de processos de plágio, dos quais, de 1º de janeiro a 31 de dezembro, não consegue se livrar. Por exemplo, depois da apresentação de *O Rei dos Reis*, Cecil B. DeMille e a Paramount viram-se acusados de plágio por uma iluminada, uma certa srta. Valeska Suratt, que os levou aos tribunais. Em última instância, o juiz declarou em sua sentença que, "...para que se aceitasse a acusação de plágio, a srta. Suratt teria, primeiro, que estabelecer que ela era realmente a autora da Bíblia...", ao que a louca pôs-se a gritar que ela era, sim!...

Há casos que mereceriam a punição, mas, nove em cada dez vezes, as empresas têm que lidar com loucos, ou ao menos farsantes, velhacos ou vigaristas, porque o cinema é um filão do qual todo mundo quer tirar uma casquinha.

V. CONCEPÇÃO. Esse departamento escolhe as histórias e negocia os direitos de adaptação de livros ou peças teatrais para a tela (de preferência, um livro da moda ou uma peça de sucesso). Também é ele que designa, entre os escritores contratados pelo estúdio, os autores que lhe parecem mais qualificados para adaptar tal ou qual livro, ou para rechear este ou aquele tema.

Os autores dos roteiros são sempre escritores ligados à empresa. Foi assim que, nos cartazes publicitários, Max Reinhardt e alguns escritores obscuros (dentre eles um jovem professor de literatura, convocado especialmente de Cambridge) puderam assinar *Sonho de Uma Noite de Verão* em lugar de Shakespeare, sem fazer ninguém rir... em Hollywood!

VI. ESTIMATIVA. Uma vez aceita a idéia, o serviço financeiro de ESTIMATIVA estuda o roteiro e o divide em tantas etapas financeiras quantos sejam os departamentos que deverão ocupar-se dele.

O departamento de ESTIMATIVA atribui a cada setor um orçamento particular, que não pode ser ultrapassado em hipótese alguma. Quando um desses orçamentos é subestimado, o departamento em questão tem que cortar, economizar, virar-se com seus próprios recursos, dar mostras de inventividade e iniciativa, em suma, tem que se arranjar sozinho, sem que a produção sofra.

Todo filme tem que ser produzido com a soma que lhe é especialmente destinada. Numa produção atual, essa soma varia entre 25 mil e 2 milhões de dólares. Não se tolera o desvio de 1 centavo e a soma deve ser integralmente despendida. O setor de ESTIMATIVA não volta atrás em seus números.

VII. PESQUISA. Eis alguns tipos de perguntas diariamente formuladas ao departamento de PESQUISA:

Qual é a aparência do mar em Saragossa? (*sic*)

Quantos ramos eram levados à presença de César?

Qual é a cor e qual é o número da placa do automóvel do cônsul do Brasil em Bombaim?

O que está plantado na Place de l'Alma, em Paris: castanheiras ou plátanos?

De que é feito o pente de uma javanesa? Qual o material? A forma? O número de dentes?

Ainda existem audiências noturnas no tribunal da Bow Street? Como é a iluminação da sala? Os magistrados usam perucas à noite?

Quando possui essas informações, o departamento de PESQUISA as fornece por telefone e, quando não as tem, solicita-as por telegrama aos quatro cantos do mundo.

VIII. DIREÇÃO. Seleciona e mantém contato com as estrelas, os artistas em geral e os figurantes. Providencia os testes de fotografia.

IX. MAQUIAGEM. Pinta no rosto dos intérpretes o caráter do papel que eles deverão desempenhar.

X. ARTE. Desenha as plantas baixas e constrói as maquetes dos cenários.

XI. CONSTRUÇÃO. Esse departamento compõe-se de serralheria, carpintaria, marcenaria, trabalhos em gesso, plumbaria, oficinas de pintura e papéis de parede, preparação de zinco, oficina de trabalhos em metal, vidraçaria, alvenaria, produção de tijolos e ladrilhos, produção de telhas e oficinas de tecidos de revestimento, tapeçaria, jardinagem etc. etc.

XII. PALCO. Mobilia os cenários e fornece todos os acessórios habituais que *figuram* numa casa, para criar uma atmosfera verdadeira: flores, vasos, louça, prataria, utensílios domésticos etc., da sala à cozinha, adega, estábulo ou quarto das crianças.

XIII. ACESSÓRIOS. Fornece e é responsável por todos os acessórios *que desempenham um papel* numa cena. Isso vai desde o palito que um homem usa enquanto se levanta da mesa até a bateria flutuante que tem que derrubar os muros do cerco de Alexandria.

XIV. Fábrica. Providencia a fabricação, no estúdio, de todos os acessórios que não podem ser encontrados no comércio.

XV. Guarda-roupa. Esse departamento deve fornecer não apenas todas as roupas deste século, mas também trajes solenes e armaduras de todas as épocas e todos os países. Compõe-se de um ateliê de moda, desenhistas, figurinistas, compradores, talhadores, alfaiates, costureiros, bordadores, peleteiros, plumistas, floristas — que façam flores artificiais —, joalheiros, lavadeiras, tintureiros, sapateiros etc. etc.

XVI. Efeitos Especiais. Aprimora a técnica de todos os truques sensacionais. É responsável pelo engavetamento de dois trens ou de dois automóveis, manipula os cataclismos do fim do mundo, regula a abertura e o fechamento do mar Vermelho. Esse departamento aniquilou a palavra "impossível".

XVII. Transparência. Departamento especializado em truques fotográficos... o que é um campo ilimitado.

XVIII. SECRETARIA. Centenas e centenas e centenas de moças encantadoras, datilografando e mimeografando em todos os serviços — porque, num estúdio cinematográfico, a produção de papéis é ainda maior do que o uso da película.

XIX. GERÊNCIA. Esse departamento é o purgatório do diretor, que tem brigas cotidianas com ele, por causa do horário de expediente, da distribuição do trabalho, da instalação dos cenários, da freqüência nos palcos e... da despesa.

(...)

XXX. ELETRICIDADE. Ocupa-se de tudo o que diz respeito à luz e à força motriz, o que não é pouco num estúdio. Numa única cena de *Cleópatra*, havia quatrocentos aparelhos variados no cenário, e duzentos eletricistas não foram um número excessivo para supervisionar, ajustar, manobrar as caixas de luz, as lâmpadas de arco, as *sun-lights*, as gambiarras, os projetores, as luzes incandescentes, os difusores, as lâmpadas giratórias, os *babys*, os canhões de luz e as tochas. Um eletricista especializado deve saber iluminar uma cena de conjunto como Rembrandt sabia distribuir a luz em suas águas-fortes, ou como um pintor impressionista.

XXXI. CÂMERA. Os operadores de câmera precisam ser sensíveis como artistas e parrudos como atletas — sensíveis, para a composição dos grupos e a escolha do ângulo de tomada, e fortes e de coração firme, porque a manivela precisa girar com regularidade, sejam quais forem as circunstâncias ou os riscos.

XXXII. Fotografia. Os fotógrafos tiram negativos e criam retratos artísticos para a publicidade dos filmes e a alegria dos fãs.

XXXIII. Som. Em sua cabine isolada, o mixador tem que estar atento a cada momento do filme, para regular instantaneamente seu diafragma desde um suspiro até um tiro de canhão.

XXXIV. Aluguel. Aluga todo o material necessário.

XXXV. Música. Compositores e músicos. Canções populares, música incidental. Orquestra sinfônica, órgãos e jazz. Sonoplastas e rádio. A Metro-Goldwyn-Mayer possui a mais importante biblioteca musical dos Estados Unidos (nela encontrei até mesmo obras de Satie).

XXXVI. Laboratório. Cuida da revelação e reprodução. Tiram-se sessenta cópias positivas de cada filme em Hollywood.

XXXVII. Projeção. Todos os dias, os diretores e seu estado-maior podem assistir ao trabalho da véspera.

XXXVIII. MONTAGEM. O montador e o encarregado do corte na edição são dramaturgos. Devem ter um senso inato da ação, do ritmo, da cadência e do *timing*. Sua contribuição para o valor intrínseco de um filme é avaliada em vinte por cento.

XXXIX. TITULAGEM.

(...)

XLV. FOGO E EXPLOSIVOS. Muitas vezes, a vida dos participantes do filme fica nas mãos dessas pessoas, e é por isso que todo estúdio tem seus especialistas em fogos de artifício, bombeiros etc.

XLVI. HOSPITAL, SERVIÇOS MÉDICOS.

XLVII. VENTILAÇÃO.

XLVIII. ZOOLÓGICO. Tem toda sorte de animais, desde o camundongo até o elefante, passando por tigres, leões, cobras, pássaros, macacos e peixes. No rancho, há cavalos, rebanhos de carneiros, manadas de bois e galinheiros.

XLIX. TRANSPORTE. Na prática, esse departamento deve estar pronto para transportar um exército a partir de um telefonema. O departamento dispõe de caminhões para deslocar toneladas e toneladas de material, cozinhas móveis para garantir a alimentação dos figurantes e barracas desmontáveis para acomodar todo mundo quando se acampa *in loco*. Em princípio, ele tem que vencer todos os obstáculos e não se deixar deter por nada.

L. LOCAÇÃO. O departamento tem em seus arquivos uma documentação extraordinária a respeito de locais, paisagens, habitações etc. Deve ser capaz de localizar em 24 horas qualquer lugar no mundo a menos de 50 léguas de Hollywood e ser capaz de camuflá-lo minuciosamente. Assim é que, recentemente, uma companhia que estava gravando um filme em cores no deserto e se deu conta de que as cores da natureza eram monótonas demais, não valorizando suficientemente o novo processo que a empresa havia patenteado com grande despesa, não hesitou em pedir ao departamento de LOCAÇÃO que enviasse caminhões-tanques para espalhar sobre a areia branca do deserto toneladas e mais toneladas de cores selecionadas, a fim de obter belas irisações coloridas na tela e poder vangloriar, em sua publicidade, o inegável refinamento cromático de seu método de gravação e a ultra-sensibilidade de sua fotografia direta em cores!

LI. COMISSARIADO. Cuida do restaurante. Deve ser capaz de servir duas mil refeições em tempo recorde, no estúdio ou no deserto.

LII. DIRETOR. Esse é um general e um maestro. Deve saber comandar, mas também, na base da flexibilidade e da diplomacia, deve conseguir coordenar os esforços de todos os serviços que colaboram na produção de seu filme. Seus maiores inimigos são a perda de tempo e as perdas de dinheiro. Ele deve saber estimular não apenas seus intérpretes, mas, sobretudo, os funcionários encarregados dos diferentes departamentos, todos os quais tendem a querer escapar de sua tutela. Tem que estar em perpétua atividade e zelar para que ninguém, a pretexto de especialização ou por amor à arte, se afaste dos dados rigorosos e precisos de seu roteiro. Tem que ter a vontade e o tato para saber fazer-se respeitar por todos no cenário. Ele é o defensor da idéia.

(...)

Eis-nos de volta, portanto, à idéia do roteiro. Mas a idéia, mesmo filmada, ainda não acabou de passar por suas transformações.

LX. O departamento de PRODUÇÃO apodera-se dela.

LXI. O de DIÁLOGOS a muda.

LXII. A DUBLAGEM a modifica.

LXIII. A CENSURA a descasca, corta e circuncida.

LXIV. *FAN-MAIL* (CORREIO DOS FÃS): a correspondência dos fanáticos a leva às alturas.

LXV. A PUBLICIDADE a colore, fazendo-a inflar e explodir.

LXVI. O setor de EXPOSITORES a negocia.

LXVII. A DISTRIBUIÇÃO a multiplica, dissemina e vulgariza.

Por último, LXVIII, a EXIBIÇÃO a troca por dinheiro sonante. Mas não me perguntem no que ela se transformou, a essa altura. O público a aplaude. Isso basta.

Quem era o filósofo clássico que tinha a pretensão de achar que as idéias eram feitas para serem pensadas e não para serem vividas? Em Hollywood, nasceu uma indústria que vive delas e que delas faz viver o mundo — o que é a melhor demonstração de que essa Nova Bizâncio é realmente a capital dos tempos modernos.

NOS BASTIDORES

É impossível passear durante dias inteiros pelos bastidores da XXth Century Fox, da Paramount, da MGM ou da Warner Brothers, como eu fiz, indo de um departamento a outro, por exemplo, do serviço de contabilidade, que é eletricamente gravado minuto a minuto e automaticamente atualizado por máquinas engenhosas e alegres, que não cometem erros e não se enganam, e que substituem maravilhosamente bem oitocentos contadores desconfiados e escrupulosos, para os depósitos de conservação, onde, num silêncio impressionante e em meio ao cheiro de naftalina, podemos não apenas passear por quilômetros entre os vestidos, os chapéus, a lingerie, as meias, as luvas, os espartilhos, as cintas, os sapatos e os penduricalhos usados pelas rainhas da tela de prata, como também podemos ver, tocar, apalpar uma coleção completa de manequins de cera ou de crina, modelados no próprio corpo das estrelas, e cujos seios, pescoço, ventre, coxas, ancas e costas são crivados de alfinetes com uma grande cabeça de vidro colorido, bem como de anotações feitas a caneta, com informações que indicam, com as datas correspondentes, as medidas mais indiscretas e mais íntimas do lento emurchecer fisiológico das estrelas —, sem sair à noite absolutamente atordoado com o que foi visto ou descoberto, e sem passar parte da noite a rememorar as explicações, as cifras e as estatísticas com que cada chefe de serviço nos cumulou, e sem pensar também nas queixas ouvidas e nas confidências que nos foram feitas durante a visita.

TODO MUNDO ESTA INSATISFEITO

Curiosamente, todo mundo está descontente em Hollywood, e, quanto mais alta é a posição de um homem na hierarquia dos estúdios, quanto maior é sua responsabilidade e quanto mais dinheiro ele ganha, mais ele se crê vítima ou invejado pelos colegas, ou, então, incompreendido, ou negligenciado, ou mantido à distância pelos poderosos patrões. Em suma, todo chefe de serviço imagina que não está no lugar certo e que merece um cargo superior, ou acredita que o conjunto de seu departamento é que não desempenha o papel a que teria direito na produção do filme, não tem sua colaboração estimada pelo devido valor, ou que suas opiniões não são suficientemente levadas em conta, suas sugestões não são ouvidas, ou que um determinado departamento rival invade suas prerrogativas, corrói seus créditos e quer sufocá-lo.

Para esses altos funcionários, cada qual confinado em seu departamento, todos se criticando e rivalizando uns com os outros, a chegada de um jornalista estrangeiro é uma sorte inesperada, e eles a aproveitam, eu juro, para se aliviar de seu rancor. Ao lhes dar ouvidos, o cinema está perdido.

5

MÍSTICA OU *SEX APPEAL*?

O GRANDE ZIEGFELD

Foi num cenário da MGM. Ali se filmavam *The Big Ziegfeld Follie*, a vida já lendária do rei da Broadway, desse extravagante homem de teatro que estarreceu Nova York durante um quarto de século, desse homem de negócios impulsivo e gastador, desse publicitário blefador e genial, do Ziegfeld das vinte super-revistas que constituíam espetáculos grandiosos, cada uma das quais marcou época no teatro, do Ziegfeld que lançou estrelas e mais estrelas às bateladas, a maior parte delas tendo marcado época no *music-hall*, desse diretor que se sacrificou deliberadamente a apostas cada vez mais altas, não para lisonjear "seu" público, mas para emocioná-lo mais, impondo-lhe, ao mesmo tempo, sua arte e seu gosto audacioso de inovador, e para arrastá-lo para sua órbita, desse empresário de quem cada espetáculo — a cada vez mais suntuoso e amiúde grandiloqüente, é certo, mas sempre estranha, profunda e humanamente lírico — era sempre uma tentativa de levar ao palco e realizar as aspirações populares de beleza, de brilho e da magnificência do sonho e da riqueza. Por isso é que era preciso que as "*Ziegfeld girls*" fossem as moças mais lindas do mundo, assim como era preciso que as "*Ziegfeld Follies*" fossem os espetáculos mais feéricos e mais onerosos não apenas dos Estados Unidos, mas do universo, coisa que esse homem endiabrado, que gastava mais milhões do que os ganhava, não se cansava de pesquisar e de realizar, porque, a despeito de seus defeitos, de sua vaidade pueril, de seu gosto por uma publicidade espalhafatosa e de renda imediata, de sua necessidade de surpreender, de suas mentiras e suas mesquinharias de tirano, que eram resgatadas por gestos magníficos, o sr. Ziegfeld tinha da glória uma concepção autêntica.

NOVA YORK À NOITE

E foi essa comichão de glória, esse apetite insaciável que deu à sua vida — movimentada, aventureira, cheia de vicissitudes — e à sua obra, barroca, complexa e atordoante, uma unidade que só o cinema podia retratar, ao levar à tela essa carreira fora de série, a qual o filme, a cuja gravação tive a oportunidade de assistir, de fato registrou magistralmente, ao fazer dessa unidade artística um espetáculo grandioso, cuja autenticidade está menos na biografia de um indivíduo do que no clima, na evocação, na lenda, na ressurreição de toda uma época recente, mas já extinta; é que só o cinema podia contar, como simples biografia, a história vivida dos gostos, das paixões, das atrações, dos divertimentos e das distrações do público, e do público mais frívolo, mais inconsistente e mais fugidio de todos os públicos — o dos teatros de uma grande cidade e de seus locais de prazer: Nova York, a Broadway à noite, com suas danças, seus dândis, sua prostituição camuflada, suas elegâncias mundanas e populares, seus modismos, suas plumas, suas jóias, seus nus, seus dançarinos, seus músicos, suas luzes móveis, suas meias de seda lisas com oito reflexos diferentes, e toda uma confusão de maquiagens — cílios, olhos, sorrisos, bocas, pescoços, unhas pintadas ou alongadas com unhas postiças, axilas depiladas, traseiros sensacionais, vozes enrouquecidas pelo álcool — e as peças íntimas de renda transparente, e uma apoteose de cartolas!

"LUZES!... AÇÃO!..."

O estúdio estava inundado pelo jazz: pianos, violinos, flautas, saxofones, batidas de gongo, fanfarras, bateria. Aos milhares, as lâmpadas cintilavam, todas próximas, e centenas de projetores viravam e reviravam ao longe. Acima das inúmeras cabeças dos atores e figurantes vestidos a caráter, a imensa grua de tomadas panorâmicas evoluía por entre as gambiarras circundantes, fazendo balançar em cestos pendurados no vazio Robert Z. Leonard, diretor dessa admirável produção que honra o cinema, seus operadores e sua equipe de auxiliares e eletricistas.

A OBSESSÃO DE UM REFRÃO DE CAFÉ-CONCERTO

De repente, uma voz de homem se elevou e começou a cantar um refrão sentimental de café-concerto, refrão que foi retomado pelas orquestras e coros, enquanto, no palco, um complicado jogo de véus e cortinas prodigiosos deslizava em seus trilhos, revelando aos poucos, alternadamente, um gigantesco monumento, uma espécie de montanha mágica que girava lentamente sobre a base, expondo pouco a pouco, a cada evolução, novos e novos grupos de lindas moças cantantes, conjuntos de bailarinos e bailarinas, todo um regimento imóvel de trajes negros, perpendicularmente apoiados em volta do enorme fuste canelado da maciça coluna central, que se erguia e ia perder-se num céu noturno, tropical e estrelado; e em cada voluta, em cada patamar da escada em espiral, que levava, no ápice dessa torre animada e vertiginosa, a uma plataforma giratória, perdida no ar lá no alto, mais e mais moças, empilhadas, como que arrastadas para o movimento lentíssimo de rotação das constelações, retomavam, sorridentes e nostálgicas, o refrão inicial de café-concerto que havia desencadeado tudo, e que nesse momento fazia cair lá do alto, em surdina, como que recém-chegada à Terra, atenuada e soando como um doce murmúrio das profundezas assustadoras do céu, a longínqua música das esferas.

A ATRAÇÃO PRINCIPAL DAS "ZIEGFELD FOLLIES" É UMA PÁGINA ARRANCADA DE MEU ROMANCE *LE PLAN DE L'AIGUILLE*

O que se desenrolava diante de meus olhos, numa sucessão de quadros deslumbrantes, era um sem-número de cenas de amor, de graça, de alegria, de despreocupação e de inocência, cujo desdobramento era de uma poesia ao mesmo tempo encantadora e inquietante, por ser a um tempo anedótica e cósmica, histórica e irreal, e era, apesar de seu inefável esplendor, sempre de profunda, eterna e verdadeira humanidade.

Por isso, imagine meu espanto quando, através de minha emoção, senti despontar e se iluminar aos poucos a certeza de já ter assistido àquele espetáculo; e, quando o reconheci, senti que se concretizava, se reconstituía, se materializava diante de meus olhos, que mal podiam acreditar nesse prodígio, porque ele se realizava em outro plano, num ambiente sonoro de harmonias e crepitante com as luzes do estúdio, a página 89 de meu romance *Le Plan de l'aiguille*, na qual eu tinha escrito, dez anos antes, e no silêncio de meu escritório, um monumento similar de síntese plástica e apoteose da vida, página essa cujo texto é o que se segue:

> Uma confusão de seres ciclópicos constituía a base do monumento. Homens perpendiculares escapavam dessa confusão e escalavam o primeiro andar da montanha, estreitando em seus braços musculosos mulheres de todas as raças. As mulheres brotavam risonhas de seu abraço, sorridentes, leves, assustadiças. Como um enxame de borboletas ou um bando de pássaros, elas volteavam em espiral em torno do monumento cujo ápice quase atingiam. Mas esse ápice era dilatado.

> Nele estava suspensa uma nuvem de crianças bochechudas, meninos e meninas que rodopiavam cantando. No meio dessa roda sentava-se um adolescente. Ele se levantou. Contornou o cimo, elevando-se gradualmente. Passo a passo, foi subindo, de frente, de perfil, de costas. Cada vez mais alto. Cada vez mais alto. Por fim, desligou-se sozinho no vazio. Havia atingido o cume — uma bola, uma esfera, um globo, uma lâmpada, o sol —, o qual tentava arrancar, levantar e sustentar no ar, lá em cima, bem no alto, na ponta dos braços estendidos, sem perder a força. Prometeu!*

É verdade que, no palco da MGM, meu Prometeu era uma morena adorável, que reinava nas nuvens, com olhos sérios mas luminosos de felicidade, como as estrelas do Cruzeiro do Sul que a salpicavam ao passarem atrás de sua cabeça, e cujas companheiras risonhas, que giravam em volta dela, eram os reflexos radiantes de sua beleza singular, assim multiplicada do centro até o infinito.

---

*Blaise Cendrars, *Le Plan de l'aiguille*, romance. Paris, 1919, 42ª edição, p. 89.

UMA *SCRIPT-GIRL* EM ASSIS, NO ANO DE 1260: ANGÈLE DE FOLIGNO*

Mas foi tão grande minha emoção ao ver nascer e ganhar forma ao vivo, em Hollywood, o que eu só fizera sonhar e evocar escurecendo o papel, numa noite passada em meu quarto de escritor em Paris, e essa materialização formal e viva foi de uma arte tão pura, que, em vez de mandar parar o espetáculo e correr para um advogado, a fim de mandar apreender o filme e reclamar 1 milhão de dólares de indenização da empresa cinematográfica, o que fiz, na alegria inesperada que essa surpresa me causou, e abençoando os roteiristas por seu plágio feliz, foi pendurar-me no braço da admirável criatura que me permitira acompanhá-la ao estúdio, uma fina, inteligente e dócil florentina que ali trabalhava como *script-girl*, uma mulher de elite como ainda se encontram algumas em Hollywood, cuja emoção vi aumentar igualmente e cuja agitação foi num crescendo, à medida que o espetáculo se desenvolvia, ganhando cada vez mais amplitude

*De família rica, a bem-aventurada Angèle de Foligno (1248-1309) nasceu em Foligno, na Úmbria, Itália. Casou-se cedo, teve vários filhos e, aos 37 anos, com a morte destes, do marido e dos pais, ingressou na Terceira Ordem Regular de São Francisco. Seus muitos escritos, de natureza mística, foram publicados sob o título de *Theologia crucis*. Ela foi beatificada pelo papa Inocêncio XII em 1693. (*N. da T.*)

e aumentando de magnificência ao se aproximar do final; inclinando-me para ela e cochichando-lhe ao ouvido, eu lhe disse, apontando para as divinas moças, suas irmãs, cuja multidão no palco e na apoteose me faziam virar a cabeça, e cuja beleza me extasiava a alma:

— Olhe, são os Tronos da hierarquia celeste, tetéia. Essas moças já não são mulheres, são belas demais! Escute essa música. O refrão de café-concerto já não tem nada de vulgar, por tudo o que conseguiu equilibrar e pôr em movimento no palco. Não sei como vocês conseguem, mas isso que se fabrica neste estúdio já não é cinema, é alto misticismo. Estamos em pleno céu, e essa apoteose, para a glória da beleza das mulheres que admiramos, você e eu, isso não é mais um quadro terrestre, isso já é uma visão, uma olhadela, uma panorâmica, é como que uma gravação do Além. Você há de compreender, e preste atenção no que disse sua compatriota, a bem-aventurada e visionária Angèle de Foligno, ao falar da beleza de Deus e do exército de anjos fulgurantes que lhe servem de escolta: "A multidão deles era deslumbrante e tão perfeitamente incontável que, *se o número e a medida não fossem as leis da criação*, eu acreditaria inumerável e sem medida a sublime multidão que via. Eu não via o final dessa multidão nem na largura, nem no comprimento, mas via multidões superiores a nossos números..."

— *Oh, dear, I love you!* — disse-me a moça, dando-me um sorriso misterioso e me cutucando com o joelho.

— Você é um anjo, minha tetéia, assim como todas as beldades que aí estão, expostas à luz. Mas, diga-me, foi você, a italiana, quem soube fazer respeitar o número e a medida nessa apoteose cuja grandeza me avassala? Diga-me, você conhece esse texto místico?

— Místico, você disse? Em Hollywood nós dizemos *sex appeal*, é mais preciso...

E a bela *script-girl* pôs-se a cantarolar o refrão que nos obcecava a todos, atores e espectadores, o refrão de café-concerto, aquele refrão miraculoso...

Então, beijei minha patrícia no pescoço, para grande escândalo do pessoal do estúdio.

Ah, esses poetas!...

6

O GRANDE MISTÉRIO DO *SEX APPEAL*

WALLY WESTMORE, PERITO EM *SEX APPEAL*

"Não há estrela sem *sex appeal* e não há *sex appeal* sem maquiagem. Mas, sem a linha dos cabelos, não há beleza possível..."

Este é o primeiro aforismo de Wally Westmore, o criador da estética do rosto no cinema.

Estabelecido há uns vinte anos em Hollywood, onde se especializou nos cuidados com a beleza e se tornou famoso por suas pesquisas e seus sucessos repetidos e de grande repercussão, Wally Westmore, o chefe dos maquiadores da Paramount, é, ao mesmo tempo, o inventor e o fabricante da maioria das estrelas que ganharam reputação mundial. Por isso, seu julgamento, como o do papa em matéria de religião, é tido como infalível, quando se trata da beleza levada à tela.

Especialista em *sex appeal*, é ele que impõe às artistas mais cotadas, portanto as mais orgulhosas e mais intangíveis, a humilhação de um "teste fisiológico" trimestral, e entrega a cada uma o "mapa pessoal de beleza" a que todas se submetem. Do mesmo modo, não há uma só estreante, não há uma *starlette* que tenha possibilidade de fazer sucesso no cinema se Westmore, esse mago clarividente, não fixar para ela, logo no primeiro encontro, seu "gênero" e seu "tipo".

Wally Westmore é o homem que mais contribuiu no mundo para modernizar e renovar o encanto feminino, acrescentando a seu eterno mistério a atração da linha dos cabelos, da linha de hoje, como sedução.

A CHAVE DO *SEX APPEAL*

"É comum dizerem que os olhos são as janelas da alma; é bem possível, enfim, mas o estilo atual do penteado da mulher é a chave de seu *sex appeal*", afirma Westmore.

"Os olhos, a boca, a tez e o corpo podem ser impecáveis e bem proporcionados, mas não há verdadeiro *sex appeal* para uma mulher sem o edifício, sem o artifício do penteado, pois todos os seus encantos naturais só são bem equilibrados pela linha dos cabelos."

E ele esclarece: "O que entendo por essa linha é a simetria como que aérea, ou até sincopada, se me atrevo a dizer, que tem que se estabelecer entre a parte inferior e a parte superior de um rosto, até se estender, reinar sobre o conjunto do corpo, que comporta partes duras e partes macias ou suaves. É impossível que um rosto mal equilibrado pela implantação e pela massa dos cabelos possa seduzir na tela, porque o *sex appeal* é uma irradiação, uma atração magnética, uma emissão ou uma troca de ondas — numa palavra: uma harmonia.

"A maioria das estrelas tem defeitos que podemos remediar com a maquiagem, ou com a iluminação, ou, ainda, com truques fotográficos; mas, quando a massa e a implantação dos cabelos são assimétricas, ou quando a linha do penteado está deslocada, todos os nossos esforços são inúteis e seu rosto parecerá sempre desproporcional nas diferentes partes, isto é, parecerá contrariado e atormentado e, portanto, não bonito.

"Como Baudelaire, *odeio o movimento que desloca... a linha!*"

O MAIS BELO ROSTO DE HOJE

A mulher que tem o contorno ideal de cabelos e o corpo mais perfeito, na opinião de Wally Westmore, esse conhecedor apaixonado e sensível a ponto de comparar esse rosto divino de mulher com um coração palpitante, é Gladys Swarthout, a prima-dona da Metropolitan Opera e estrela do recente musical *Give us This Night.**

"A testa dela não é muito alta nem muito baixa", explica Westmore com emoção. "Curva-se ligeiramente para o centro, o que dá à linha dos cabelos uma curva dupla em forma de coração, nobre desenho cuja pureza é ainda mais acentuada — e com que graça! — pela estreiteza palpitante das têmporas."

Dentre as outras estrelas cujo penteado está em perfeita concordância com seu tipo de beleza e que melhor ilustram a teoria de Westmore, uma vez que todas saíram tais como as conhecemos de suas mãos criadoras, ele cita, pela preferência: Mae West, Jean Harlow, Kay Francis, Claudette Colbert e Sylvia Sidney.

*Dirigido por Alexander Hall, em 1936, com música composta por Erich Wolfgang Korngold. (*N. da T.*)

AS NEGRAS LOURAS

Estávamos, Westmore e eu, de pé sob um pórtico publicitário, protegidos da chuva que caía a cântaros, mas totalmente respingados. Ele esperava seu carro, que um rapazola fora buscar num *parking* onde já havia meio metro de água. Até então, eu não tinha dito uma palavra, contente demais por escutar a fala desse homem que me intrigava e que me haviam informado ser enigmático e sigiloso. Ele se permitira fazer-me confidências e eu espichava as orelhas, perturbado e surpreso com o toque de melancolia que transparecia em todos os seus ditos. Eu o sentia inquieto, febril, desdenhoso, como que insatisfeito ou decepcionado. Mas talvez seu mau humor se devesse apenas ao mau tempo ou ao excesso de trabalho. Como seu carro continuava a não chegar, eu, pensando em diverti-lo, comecei a lhe contar que estivera no Brasil na época do lançamento de *Loura e sedutora*,* e que o filme fizera tamanho sucesso no Rio de Janeiro que, em menos de uma semana, todas as belas mulatas e as negras indolentes que saíam no fim da tarde para passear na Avenida ou desfrutar a brisa à beira-mar, na praia do Flamengo, haviam descolorido o cabelo, e todas se maquiavam de cor-de-rosa.

***Platinum Blonde*, dirigido por Frank Kapra, em 1931, e estrelado por Jean Harlow. (*N. da T.*)

— Foi muito engraçado! — concluí. — Mas aquilo também era inquietante, porque todas tinham o ar de não passar do avesso delas mesmas, como os personagens que entrevemos na transparência, ao examinar um negativo a olho nu. Imagine esse cortejo de negras louras à luz do crepúsculo, vistas em sua silhueta, com a mancha clara do rosto maquiado e os cabelos mortos, mas brilhantes! Parecia um desfile de assombrações. Um dia, conheci inclusive uma negra que havia passado hena nos cabelos e exibia o mais belo ruivo irlandês. Era uma criatura esplêndida, porém, ruiva, era soberanamente ridícula.

— Eu sei — disse Westmore, com um tom desencantado. — Pouquíssimas mulheres conhecem seu encanto, e ainda menos numerosas são as que sabem servir-se dele para fazê-lo proporcionar o máximo de sedução, equilibrando bem todos os dons de sua beleza natural. É provável que isso se deva à sua ignorância sobre os princípios mais elementares da arte, da arquitetura, da poesia e... da maquiagem. Uma obra-prima, sempre e acima de tudo, é uma obra de equilíbrio. É por isso que toda mocinha bonita que se destina ao cinema deveria, em primeiro lugar, antes de alguém vir me chatear por causa dela, dirigir-se a um arquiteto ou a um pintor, entre os seus amigos, que lhe ensinasse a regra áurea da simetria e lhe dissesse como é possível que, hoje em dia, a linha mais sublime da mulher seja a linha de seu cabelo... Deus do céu, elas nem desconfiam, essas mocinhas, e muitas vezes tenho a impressão de estar perdendo tempo...

— Como é que você pode dizer isso? — retruquei, atônito com a confissão desiludida que acabara de lhe escapar. — Logo você, um mestre! Você, que é autor dos novos modelos vivos que as mulheres do mundo inteiro se esforçam por imitar; você, que exerce tamanha influência, por intermédio deles, que tanto as freqüentadoras mais assíduas das altas rodas das grandes cidades quanto as pobres mocinhas desconhecidas, perdidas nos vilarejos das regiões mais distantes, obedecem sem saber a suas decisões ou a suas intenções, quando se observam diante do espelho, empoam o rosto e passam batom nos lábios para se transformar em beldades, e estão todas dispostas a sacrificar ou a modificar sua personalidade mais íntima de acordo com o que você tiver imposto a suas moças, você, o pai das estrelas...

— Ah, as estrelas! — exclamou Westmore. — Nem me fale de estrelas, elas não existem mais!... Há uma crise, uma crise de estrelas... aqui, em Hollywood... procure se informar... já não há esperança...

E o grande homem pulou para o volante de seu automóvel, que finalmente havia chegado, e arrancou bruscamente, respingando os transeuntes com um jato quádruplo de água suja.

A linha, pensei, vendo-o distanciar-se. Ele dá vida a linhas, cacheia, arredonda harmoniosamente, e dá uma elegância ondulada até mesmo à água suja da rua, quando mergulha nela derrapando. Que homem! Mas é um possuído...

— Que é que há com o chefe? Ele está nervoso hoje, não é? — disse-me o rapazola que trouxera o carro de Westmore. — O senhor quer um táxi?

— Não, meu rapaz, olhe só: seria melhor um barco!

De fato, a chuva estava apertando e as ruas começavam a transbordar.

O SUCESSO: "*I'LL STRIKE IT!*"

Crise de estrelas em Hollywood? Parece impossível, porque basta abrir os olhos para perceber que Hollywood é um celeiro de talentos, transbordante de gente jovem e de moças bonitas.

Jovens são o que se vê por toda parte, nos bares, nas lojas, nos restaurantes. As ruas estão repletas deles, e a qualquer hora do dia ou da noite podemos ver passar beldades sensacionais nos automóveis, ou deparar com elas a pé, usando qualquer tipo de roupa, short, pijama, vestidos colantes de seda, trajes de gala, impermeáveis, peles — mas sempre com os cabelos ondulados —, fazendo suas compras, sozinhas ou em duplas, ou acompanhadas por rapazes elegantes, ou ciceroneadas pela mamãe ou por uma tia idosa, ou seguidas por um motorista negro.

No saguão dos grandes hotéis, onde não há um só lugar vazio, nas cabines isoladas dos institutos de beleza, onde só são recebidas com hora marcada, nos salões de cabeleireiro em que elas fazem fila, estreantes obstinadas fazem um sítio permanente, a não ser quando estão nas aulas de ginástica e declamação, que não se esvaziam nunca, do começo ao fim da semana. Outras, maravilhosamente ambiciosas, freqüentam com assiduidade as conferências da Academia do Psiquismo, para formar a vontade e o corpo, enquanto outras mais divertem-se nas piscinas ao ar livre, nadam, mergulham e praticam todos os esportes — sobre cavalos, esquis, de avião, usando a espada. Os concursos de beleza ou de dança são muito procurados, e são incontáveis as *starletts* mais ou menos conhecidas e as celebridades nascentes que encontramos em todas as competições esportivas ou nos lugares da moda — discotecas, boates, cassinos, clubes clandestinos, corridas, jogos, campeonatos de tênis, esportes de inverno e praias ensolaradas, que podem ser visitadas num mesmo dia, o domingo, em regatas, festas noturnas ou a bordo de *gambling-boats** ancorados ao longo de 3 milhas,

*Navios-cassino. (*N. da T.*)

ou, muito simplesmente, nas saídas dos cinemas ou de um chá.

O mesmo se pode dizer dos rapazes que buscam a arte cinematográfica, muitos dos quais são belíssimos, tinindo de novos, com uma inédita elegância norte-americana, esportiva e atual, ou uma elegância espalhafatosa, no estilo gângster, ou, muito pelo contrário, sóbria e rebuscada como a de um *gentleman* inglês, ou, ainda, displicente e afetada como a de um bacharel de Oxford, para não falar dos intelectuais desempregados de 1936. Esses dândis são muito numerosos e podemos vê-los por toda parte.

Quando se participou uma ou duas vezes de uma *cocktail-party*, quando se ouviu as risadas despreocupadas desses jovens, quando se circulou entre eles, quando se bebeu, riu, dançou ou saiu três ou quatro vezes com este ou aquele, quando se ouviu de surpresa as confidências de uma moça ou se conversou com um rapaz, é fácil imaginar ou até ficar convencido de que a toda essa juventude dourada (ou que finge sê-lo) está reservado o mais belo dos futuros, e de que nada é mais fácil do que fazer sucesso no cinema. Infelizmente, não é nada disso e, entre todos esses rapazes, apenas um em cada mil consegue fazer um nome na tela, assim como apenas uma em cada dez mil torna-se uma estrela entre essas moças.

Ainda assim, sua fala é delirante de esperança. "Dêem-me apenas uma oportunidade", dizem eles, "que eu estouro!" — "*I'll strike it!*". Esta é sua frase.

Mas eis que, a despeito de sua ardorosa determinação, de sua vontade, sua resistência e sua coragem, a despeito do dinheiro que eles gastam para chegar e das privações que suportam, o que lhes cabe, na base do blefe, das manobras e das intrigas, é, na melhor das hipóteses, uma ponta, uma figuração inteligente, ou, em casos excepcionais, o trabalho de dublê de alguma estrela — e os anos passam, sem que a sorte jamais lhes sorria.

A que se deve isso, já que eles são jovens, bonitos, ativos e entusiasmados, e muitos têm um talento verdadeiro?

Aí está algo que ninguém sabe responder; ninguém sabe explicar essa carência, mas uma coisa é certa: *desde o nascimento do cinema, apenas três ou quatro estrelas foram, eu não diria originárias de Hollywood, mas descobertas em Hollywood!*

TRAPALHADA HOLLYWOODIANA

Eu tinha pedido um encontro a Ernst Lubitsch, o grande diretor de fama universal. Queria interrogá-lo sobre a crise das estrelas, pois estava particularmente curioso em ouvir a opinião desse homem competente sobre uma questão que interessa, acima de tudo, ao futuro do cinema em Hollywood.

Seria infantil querer apresentar uma personalidade tão marcante quanto Ernst Lubitsch, mas permita-me assinalar que, quando mandei pedir-lhe uma entrevista, Lubitsch era o diretor de produção da Paramount e, três dias depois, havia caído em desgraça. Esse homem, no entanto, fora responsável pelos sessenta filmes que a Paramount havia editado de 1º de janeiro a 31 de dezembro de 1935, produção essa que representa, à razão de 125 cópias por filme, 60 milhões de pés de positivos ou 18.500 quilômetros de fitas concluídas, isto é, considerando a média de 5 milhões de francos por película, uma despesa de 300 milhões de francos, no mínimo.

Se um homem de tal porte tem tão pouco peso quanto uma pluma nas decisões que podem ser tomadas sem aviso prévio pelos dirigentes financeiros de um truste cinematográfico, é fácil imaginar os esforços sobre-humanos que um estreante tem que fazer para levantar esse mundo que o esmaga e conseguir fazer sucesso no cinema. Mas esse exemplo explica ainda muitas outras coisas que, sem ele, seriam incompreensíveis: por um lado, como é que estrelas adoradas pelo público podem desaparecer da tela da noite para o dia, sem que nunca mais se ouça dizer seu nome, e sem que ninguém se preocupe com elas ou saiba nos dizer o que lhes aconteceu, ou por que e a quem elas desagradaram, e, por outro lado, especialmente, como é possível que, na organização do cinema norte-americano, o indivíduo tenha valor zero e nem mesmo uma estrela seja mais do que uma coisa.

Esse regime ditatorial e quase sempre anônimo, que se exerce de cima para baixo na escala e em todos os degraus da hierarquia, não apenas nos trustes, mas no conjunto da organização social dos Estados Unidos, parece-me ser um dos traços mais reveladores da mentalidade disciplinada e conformista, porém facilmente tirânica, da democracia norte-americana, que a torto e a direito se proclama defensora da liberdade e do livre-arbítrio; seja como for, essa contradição, que se manifesta até na vida cotidiana, é, nos Estados Unidos, aquilo que mais incomoda um francês questionador, amiúde irreverente e habituado à independência de julgamento e ação, sobretudo quando se trata de questões artísticas concernentes à direção teatral ou cinematográfica.

Assim, meu pedido de um encontro revelou-se ainda mais indiscreto, visto que o próprio Lubitsch passava por dificuldades e estava com sua situação em jogo. O fato é que, depois de não sei quais circunstâncias, que ninguém soube me explicar com clareza em Hollywood, mas provavelmente por razões de normalização da produção — as únicas que foram divulgadas (e, para quebrar a monotonia, não se falou de nepotismo nessa história!) —, os dirigentes da Paramount haviam acabado de interromper a filmagem de *Hotel Imperial*, o grande filme que Marlene Dietrich estava gravando, com Charles Boyer como *leading man* [protagonista] e sob a supervisão pessoal de Ernst Lubitsch. Como Marlene ameaçou ir embora, recusando-se a filmar qualquer outra coisa ou com outro diretor, e chegou até a falar em deixar Hollywood definitivamente, podemos imaginar os murmúrios contraditórios e os boatos alarmantes que passaram a circular na cidade; mas a estupefação de Hollywood foi levada ao cúmulo quando se soube, três dias depois, que Lubitsch fora provisoriamente substituído por William Le Baron na chefia da produção da Paramount, e que o haviam dispensado com um aviso prévio de três meses.

Tal foi a decisão irrevogável, tão súbita quanto inesperada, mesmo para os que se supunham íntimos dos segredos dos deuses, que tomou inopinadamente John E. Otterson, um ex-engenheiro da empresa telefônica de Nova York, transformado, graças aos banqueiros, no todo-poderoso da Paramount.

Foi uma verdadeira revolução palaciana, como é freqüente acontecer nessa nova Bizâncio que é Hollywood, e cujas repercussões são imprevisíveis, porque a quantidade de intrigas que se atam e desatam em cada ocasião, por causa de um acontecimento dessa natureza, tanto pode transtornar o *standing* [a posição] de tal ou qual personalidade famosa, o que sempre deixa regozijante uma porção de invejosos, quanto abalar os alicerces de um consórcio poderoso, com enorme prejuízo para todos os que vivem da indústria do cinema.

No caso, Marlene Dietrich deixou a Paramount para filmar na empresa de Selznick, e, algumas semanas depois de sua partida, Margaret Sullavan, que muito se fizera de rogada para aceitar substituí-la em *Hotel Imperial*, quebrou o braço, de modo que os dirigentes da Paramount viram-se obrigados a abandonar a idéia do filme, no qual já se havia empatado mais de 1 milhão de dólares; e, finalmente, o coitado e querido Charles Boyer, que já não agüentava mais, de tanto ser puxado de um lado para outro, foi juntar-se a Marlene na empresa de Selznick, para filmar com ela *O Jardim de Alá*, seu próximo filme, a ser editado pela United Artists. Quanto a Lubitsch, não tive mais notícias dele desde que saí da Meca do Cinema; suponho que não demore a praticar uma vingança brilhante, como é a praxe obrigatória em Hollywood, onde, como na China, é sempre preciso *sal var as aparências*. Aliás, creio que essa é a única tradição de honra em Hollywood.

Naturalmente, em meio à trapalhada, Ernst Lubitsch não teve tempo para me conceder a desejada entrevista; mas esse homem endiabrado, que Jacques Théry, seu amigo e mais íntimo colaborador, diz ser tão espirituoso e safo quanto Pagnol,* e que é certamente uma das cabeças mais equilibradas que existem, encontrou um jeito, apesar de todos os aborrecimentos que o atormentavam, de me transmitir sua opinião sobre a crise das estrelas.

E aqui está essa opinião, tal como a recebi por telefone, uma noite, por volta das quatro horas da manhã. (A voz que falou comigo era alternadamente dura e modulada, mas atribuí as entonações femininas que ela assumia em alguns momentos, sobretudo no final das frases, à distância de que me vinha.)

OPINIÃO DE ERNEST LUBITSCH SOBRE A CRISE DAS ESTRELAS

"— Crise das estrelas em Hollywood?... Bom, essa crise é real. Aliás, é a única crise séria que conhecemos aqui há sete anos, isto é, desde o advento do cinema falado..."

— ...

"— Atualmente, em 1936, o que mais precisamos aqui não é de novos roteiros, nem de novas histórias, nem de novos escritores, nem de novos diretores, nem de novos compositores, pintores, figurinistas, decoradores etc.;

*Marcel Pagnol (1895-1974), célebre escritor, dramaturgo, cineasta e acadêmico francês. (*N. da T.*)

o que precisamos é de novos intérpretes, novos talentos, novos atores, novas atrizes, porque o que mais nos falta aqui em Hollywood são justamente estrelas, estrelas de grande calibre, sim..."

...

"— Isso é urgente, é imediato, você vai ver!... Talvez nunca se tenha consumido tanto talento e tanta engenhosidade na tela quanto nestes últimos sete anos. Nunca se trabalhou tanto. As fotografias nunca foram tão bonitas. A iluminação nunca foi tão bem-sucedida. A técnica está aperfeiçoada. O som, a voz. Está tudo OK..."

— ...

"— Sim, hoje em dia todo mundo é ótimo. Todo mundo é inteligente. Todo mundo sabe se vestir, se maquiar, andar, dançar, cantar... Você disse que a dicção deixa muito a desejar?... Mas o público norte-americano está pouco se importando com isso, porque nossas *girls* nunca foram tão sensacionais quanto agora!..."

— ...

"— Está muito claro que todas as nossas atrizes têm *sex appeal* e todos os nossos atores têm talento. Tanto uns quanto outros são capazes de exprimir toda a gama de sentimentos, e é possível pedir-lhes qualquer coisa que se queira. Todos estão dispostos a tudo. Todos são de uma docilidade ímpar. Nunca foram tão bem pagos. Mas também nunca houve tão poucos nomes nos cartazes, nomes capazes de fazer a receita dobrar, nomes capazes de encher a sala de qualquer cinema do mundo, nomes que..."

— ...

"— ... Quem?... Você quer nomes?... Bem, não quero desagradar ninguém!... Basta você saber que, atualmente, aqui em Hollywood, há exatamente 23 intérpretes cuja reputação e talento estão à altura das despesas que as empresas sempre se dispõem a bancar em seu nome, quando esse nome garante, por si só, um recorde de receitas! O filme não vem ao caso, desde que um desses 23 intérpretes apareça na publicidade!..."

— ...

"— Escute, 23 não é muita coisa, não é? Confesse que esse numerozinho é completamente desproporcional aos imensos capitais que a indústria do cinema arrisca nessa cifra... 23 estrelas!... Isso mesmo, nem uma a mais!... 23..."

— ...

"— Aliás, esse número terá diminuído ainda mais antes do fim do ano: primeiro porque a fama, a popularidade e o sucesso são as coisas mais efêmeras que existem, e, segundo, porque, entre os 23 que figuram na minha lista, alguns já estão em pleno declínio profissional..."

— ...

"— Ah!... outra coisa... O projeto de produção dos estúdios ingleses para este ano empobrecerá ainda mais nossas fileiras, já tão esvaziadas. Já faz tempo que as ofertas dos produtores britânicos, muito vantajosas, atraem nossos astros e nossas estrelas, e os ingleses não recuam diante de nenhum sacrifício financeiro para fazê-los atravessar o oceano o mais depressa possível. É como se tivessem jurado fazer Hollywood inteira emigrar para Elstree! E como, salvo duas ou três exceções, os ingleses não têm ninguém para nos oferecer em troca, eles desferem um grande golpe contra nós e nos atingem num ponto vital, o que é gravíssimo..."

— ...

"— Atualmente, há uma rivalidade anglo-americana em torno das estrelas. Disputamos um belo rosto na base do dinheiro alto, como se disputássemos a posse de um campo de petróleo..."

— ...

"— Como?... Não, não estou perdendo a esperança, nós saberemos nos arranjar muito bem. Como na sua terra, a arte da esperteza sempre nos livrou das encrencas nos Estados Unidos, mas a briga será cada vez mais acirrada, a coisa é extremamente séria..."

— ...

"— Como?... Se estou disposto a filmar na Inglaterra, atualmente?... Ah, não, isso nunca, eu gosto demais de Hollywood, sabe?... Hein?... Você quer saber o que eu farei se essa crise das estrelas perdurar e piorar?... Bem, pode anunciar isto: prefiro me transformar num 'caçador de talentos' a renunciar a confiar na beleza cativante de nossas mulheres e nossas moças... Boa noite!... Alô, alô?... Como disse?... O que acontece com o *sex appeal* nessa briga?... Ora, meu caro amigo, o *sex appeal* é uma invenção norte-americana, e os ingleses não vão arranjar nada! Se não houver mais estrelas, inventaremos outra coisa... Boa noite!..."

7

HOLLYWOOD À NOITE

O AGENTE, UM DOS MESTRES OCULTOS DA TELA

Se por trás de cada estrela se esconde seu maquiador, o especialista em *sex appeal* que lhe decretou seu "mapa da beleza", definiu seu gênero e estabeleceu seu tipo, e que é o verdadeiro autor do rosto imutável que ela leva à tela — um rosto que lhe vale uma multidão de adoradores, é claro, mas que é, sobretudo, *uma marca de fábrica* que lhe confere seu valor comercial e lhe assegura uma renda fantástica, enquanto essa marca, apoiada numa publicidade enlouquecida, for popular —, à esquerda e à direita de cada estrela dissimulam-se outros dois homens sem os quais ela não existiria: o agente que a lançou e o caçador de talentos, o *talent scout* que a descobriu.

O agente é o homem que está associado à estrela e que, ao mesmo tempo, mantém íntimas relações com os estúdios, que não têm segredos para ele, mas os quais ele põe em concorrência, conduzindo nos bastidores as campanhas de imprensa que apaixonam a opinião pública norte-americana, mas que também a moldam e dirigem em surdina o bom ou o mau gosto da multidão.

O agente está a par do que o público espera do cinema, do que os escritores preparam, do que os diretores procuram e do que os estúdios se dispõem a pagar, para contratar uma estrela de que precisam e cuja cooperação queiram garantir em sua produção futura. Profissionalmente, espera-se que ele saiba tudo o que acontece nos palcos dos estúdios e tudo o que se decide nos conciliábulos mais secretos dos diretores das empresas, do mesmo modo que ele deve estar atento às decepções de uma filmagem, aos defeitos, aos pontos fracos de um roteiro e às falhas, deficiências e declínio de um intérprete, para poder dar início à guerra temerária, freqüentemente de grande fôlego e sobretudo dificílima de levar a bom termo — a guerra de ecos, mexericos, falatórios, difamações implacáveis, subentendidos venenosos, sarcasmos rancorosos, comparações ferozes, malevolência, calúnia, provocação, rivalidade, habilidade, acordos e escândalos —, que precede, como um efervescente fenômeno de acompanhamento, a queda de uma antiga estrela e a ascensão de uma nova.

O agente deve não apenas ter à mão um estoque de substitutos e substitutas e estar permanentemente à procura de novos talentos, como também deve ter boa mão. É por isso que o agente é sempre um homem de imaginação. Tem a cabeça estourando. Tem excesso de idéias. É um homem universal, que se imiscui em tudo e mexe em tudo. É um intrigante, um mentiroso, um impostor nato. Além disso, é um homem de negócios dotado de um faro prodigioso, que chega até a se antecipar, a adivinhar os desejos do público e dos produtores, os quais têm a mania de lisonjear de forma incansável, mas os quais também explora, à medida que os orienta segundo suas opiniões pessoais, porque o sucesso obriga a isso, e porque um bom agente não se contenta em acompanhar o arrebatamento geral, mas comumente banca o inovador, impondo a todos um nome desconhecido, que ele lança e que fará furor, mas que ele também tiranizará.

É desgastante e desesperador o ofício de agente, porque, para poder se manter por muito tempo agradando a gregos e troianos, é preciso ter alma de jogador e o diabo no corpo; e é somente à força de sutileza, ostentação, artifício, força de vontade e finura que esse homem empreendedor, que se desdobra incansavelmente, consegue envolver e causar estragos dentro dos estúdios, que nunca desconfiam muito dele nem adivinham suas intenções, quando, justamente, depois de enfim lançar os olhos sobre sua presa, apanhada com cola, depois de fisgar, escolher, prometer, tapear, seduzir e enganar, sempre inspirando confiança, e de viver na aparente despreocupação, enquanto persegue uma intenção oculta, ele leva a termo mil e uma combinações e procedimentos oblíquos, até inundar de confiança ou largar de mão a estrela a quem cobiça, aquela que é sempre sua nova razão de viver, sua vaidade, seu orgulho, sua criação, seu ponto fraco, seu objeto, seu comércio, sua filha espiritual, sua amante, sua ilusão, sua inspiração, sua vítima, sua ruína, a Sorte Grande com que ele sonhou — a mais recente ou a desconhecida que, para ele e para todo o mundo de parasitas que formigam a seu redor, e todos os quais se aproveitam dela, jogará sem saber a sorte de todos.

OS *TALENT SCOUTS*, OU CAÇADORES DE TALENTOS

Portanto se a estrela não pode fazer nada no cinema sem a intervenção de seu agente e dos agentes de seu agente, as companhias cinematográficas, por sua vez, também não podem prescindir dos serviços desse homem e de sua equipe de rastreadores, que lhes fornecem uma miscelânea de astros, homens, idéias, roteiros e publicidade, e não recuam diante de nenhum escândalo; e o agente, por sua vez, para continuar dono do jogo e conservar todos os trunfos na mão, dentre eles o mais forte, que é seu achado pessoal — uma nova estrela —, vê-se na obrigação de se transformar em *talent scout*, ou de ter uma equipe inteira de caçadores dedicados, os quais ele põe em campo e que lhe custam caro — os ases que são os Buffalo Bills desse Barnum.*

Por definição, o *talent scout* é um simples caçador de estrelas. Mas, como é, acima de tudo, um sujeito safo, se ele não se improvisar sem demora como agente da estrela que acaba de descobrir, isto é, se não se outorgar por conta própria o lugar de seu próprio patrão, quando acredita ter na mão uma raridade, a exemplo do chefão de quem é emissário naquele momento, ele tenderá a querer surrupiar tudo o que lhe pareça passível de interessar, surpreender ou agradar no cinema, bem como de fazê-lo ganhar dinheiro, e não apenas a lançar mão de uma beldade ou um novo talento que tenha acabado de desentocar; entretanto, como as estrelas se tornam cada vez mais raras e é preciso viver, ele arrasta para Holly-

*Cendrars alude a Phyneas Taylor Barnum (1810-1891), empresário norte-americano de espetáculos que dirigiu um célebre circo a partir de 1871. (*N. da T.*)

wood, sem discernimento — e é nesse aspecto que seu papel é freqüentemente nefasto — o maior número possível de atrações.

E é assim que um *talent scout* colocará sob contrato um boxeador negro a quem pede que lhe escreva um roteiro; uma dança acrobática ou barroca; um jazz excepcional ou um número musical extraordinário; animais amestrados; um palhaço infame, como a pobre bailarina Trudi Schoop, apelidada de "Carlitos de saias", que fracassou lamentavelmente na Califórnia;* ou fenômenos como The Dionne Quintuplets, as cinco gemeazinhas canadenses que são as estrelas (e a gente se pergunta qual pode ser o interesse delas) de uma comédia musical que a Fox está filmando; ou, ainda, um herói do noticiário, uma divorciada ou um bandido; um homem da moda ou uma mulher de quem muito se tenha falado nos jornais, a exemplo do pobre Cliff Weble, chamado o *Dândi de Nova York*, contratado por 3 mil dólares semanais, e que hoje se entedia e se cansa de esperar em Hollywood, aguardando há um ano e meio que seu diretor tenha a gentileza de se lembrar dele e se digne a providenciar sua estréia; ou Arlette Stavisky, cuja chegada aos palcos foi

---

*Trudi Schoop (1903-1999), que chegou a ter fama internacional como bailarina, mudou de público no começo da década de 1950, passando a se dedicar à terapia da dança e a trabalhar com pacientes psiquiátricos, centrando seu trabalho na expressão e na comunicação humanas. (*N. da T.*)

igualmente anunciada; ou uma *girl*, uma recepcionista de *night-club* como Eleanor Powell, a queridinha de Hollywood, que dançava 24 horas por dia e que acaba de ser levada com uma crise nervosa para uma casa de saúde, onde começou a gritar, ao ser internada: "Meu encanto! *Darling*!... Deixe eu me matar!... Sem a dança, a vida é uma chateação...!"; ou ainda Mabel Boll, que não tem nenhum talento e não é bonita, mas é dona das jóias mais belas dos Estados Unidos, e causou grande estardalhaço por ter-se metido nas aventuras rocambolescas de Charles A. Levine,* o Dom Quixote da aviação transoceânica.

A bem da verdade, tudo parece bom para esse caçador de coisas inéditas que já não sabe a que santo recorrer para levar vantagem e se distinguir, e, quanto mais extravagante é uma idéia, maiores são as probabilidades de que ele a considere genial, porque o *talent scout* é, em

---

*Levine (1897-1991), um milionário norte-americano de 30 anos no fim da década de 1920, travou uma "batalha" com Charles Lindbergh, concorrendo ao prêmio de 25 mil dólares oferecido à primeira pessoa que fizesse um vôo sem escalas de Nova York a Paris. Lindbergh venceu, em maio de 1927, mas, em junho do mesmo ano, Levine embarcou de surpresa em seu avião particular, pilotado por Clarence Chamberlin, e conseguiu superar a distância e a velocidade alcançadas por Lindbergh, voando de Nova York à região central da Alemanha como o primeiro passageiro internacional de uma travessia transatlântica sem escalas. Em dez anos, ele perdeu sua fortuna, foi perseguido pelo FBI como contrabandista de tungstênio, esteve preso e morreu na miséria. (*N. da T.*)

essência, um fanfarrão, mas é também um basbaque, isto é, um pateta da cidade grande que acaba se deixando apanhar em sua própria enrolação — e é por isso que esse sujeito, sejam quais forem sua jactância, sua vulgaridade, sua presença, seu papel, sua duplicidade e suas intenções secretas, obscuras e suspeitas, a partir do momento em que se coloca na trilha de uma mulher, não é inteiramente antipático; e é por isso que, apesar de tudo, esse vigarista é um sedutor, inquietante, com certeza, mas muito popular, pitoresco e ingênuo.

O CAMPO DE CAÇA PREDILETO DOS *TALENT SCOUTS*

Se os caçadores de estrelas são uma espécie de ave de rapina, trata-se de rapinantes noturnos, porque seu campo de caça predileto, em todas as capitais dos Estados Unidos, são as ilhotas febris em que, numa profusão de luzes, de música de jazz, de bebidas alcoólicas multicores, de gritos arrotados pelos alto-falantes, de batalhas, desafios, paixões e danças perpétuas, a vida noturna atinge seu ponto culminante.

Em Nova York, que, apesar da crise, continua a ser o grande centro de seleção e o mercado principal em que os *talent scouts* fizeram suas mais belas descobertas (95%

das estrelas de cinema estrearam nos palcos nova-iorquinos), trata-se da Broadway — o bairro dos teatros, grandes, pequenos e secundários — e do Harlem, com seus espetáculos burlescos, seus *night-clubs*, suas boates e seus salões de dança dc fama mundial.

Em Chicago, trata-se do famoso Anel, The Loop, com sua cadeia ininterrupta de feiras/exposições, mostras de animais selvagens, circos, quermesses, gigantescos teatros de variedades, monstros esquiadores, labirintos de pistas de patinação, cabarés subterrâneos cheios de labirínticos corredores camuflados, espetáculos exibicionistas reforçados por jogos de espelhos deformadores, palácios das ilusões, casas orientais, apartamentos com duas saídas e *boudoirs* clandestinos.

Em Nova Orleans, de onde se originaram as últimas quatro estreantezinhas contratadas em 15 de fevereiro de 1936, para sua sorte ou azar em Hollywood, e cujos nomes guardei, para ver se ainda se voltaria a falar delas mais uma vez — srta. Louise Small (18 anos), srta. Wilma Francis (18 anos), srta. Jell Dean (18 anos) e srta. Diana Gibson (20 anos) —, trata-se do Carré Français, com seus cafés, restaurantes, churrascarias, escritórios particulares, suas sacadas floridas, ruas quentes, seus bailes e seu carnaval.

Em São Francisco, no centro, trata-se dos bairros reservados, como Little Italy e suas tabernas obscuras, e

Chinatown, com seus fumatórios de ópio e seus pólos de atração da mais famosa costa de flibusteiros, a Barbary Coast: L'Embarcadéro e La Marina, que são os dois mercados de entorpecentes mais sortidos do mundo; nas noites de sábado e aos domingos, há também as ilhas, as praias e as aventuras da baía, toda essa imensa região de festas náuticas, fogos de artifício, fanfarras, frituras, bebedeiras, algazarra e canções, com seus terraços, seus jardins, seus pequenos bosques, seus bares à beira-mar, suas pontes, seus barcos de flores, seus quiosques do amor e suas barcaças à deriva, assinaladas por lampiões.

Em Miami, são as piscinas, as casas de jogos, os cassinos flutuantes explorados pelo bando de Al Capone.

Em Galvestone, é o concurso de beleza em que se escolhe a Miss Universo.

HOLLYWOOD À NOITE

Em Hollywood também não faltam casas noturnas, grandes e pequenas, mas os clientes que as freqüentam são, justamente, gente mais ou menos bem-sucedida do cinema, e, quando se encontra um *talent scout* nessas boates, é porque ele foi dar uma volta para relaxar, para reencontrar amigos ou rever antigos clientes, para conversar e se distrair, e não para ficar de emboscada. Quanto à Main Street, que é a rua quente, a rua ardente de Los Angeles, ela é uma via cheia de cafeterias de um centavo, restaurantezinhos chilenos de 3 centavos, cinemas de 5 centavos, quartos de bordel de 10 centavos, lojas de tiro ao alvo, de máquinas automáticas, salões de bilhar e de roleta, minicampos de golfe, espetáculos burlescos, danceterias de quinta categoria e casas de penhor abertas a noite inteira. Na Main Street, que é o passeio habitual das prostitutas e das cafetinas, dos proxenetas filipinos, mexicanos, orientais e negros, dos marinheiros em licença da frota ancorada em San Pedro, que ali vão fazer farra, e dos soldados que vão a passeio, nenhuma estrela de Hollywood, nenhuma estreante ousaria se aventurar hoje em dia, e lá não se encontra um único caçador de estrelas, a não ser como amador ou como curioso, pois quem é o notívago que, na verdade, não é um caçador, ou seja, não está, assim como os *talent scouts* profissionais, atrás de um encontro, uma surpresa, uma novidade ou uma sensação?

E eu mesmo poderia ter sido tomado por um deles quando, despedindo-me à noite de Nelly, a velha cozinheira de Van Vechten,* a heroína de *Paraíso dos negros*,

*Carl Van Vechten (1880-1964), escritor e fotógrafo norte-americano, que foi padroeiro da Renascença do Harlem na década de 1920, executor testamentário de Gertrude Stein e autor, entre outros, do controvertido romance *Nigger Heaven*, publicado em 1926. (*N. da T.*)

que atualmente tem um bistrô bem no fim da avenida Central e nos faz comer uma deliciosa comida sulista, levei minhas expedições noturnas até os Watts, os acampamentos de negros espalhados pelos terrenos baldios que cercam Los Angeles e Hollywood e que, à noite, parecem uma porção de Pátios dos Milagres, e também a Willminton, o refúgio da gatunagem japonesa, freqüentado por fraudadores e contrabandistas, e que é um verdadeiro antro de malfeitores, embora lá os homens e as mulheres fumem em público, em barracas barulhentas em que jorram gargalhadas e *marijuana*, a famosa erva hilariante da velha seita dos flagelantes Los Hermanos de Sangre Cristo, cujas penitências são assustadoras e que até hoje celebram, de vez em quando, uma "crucificação de sangue", como aconteceu no dia 5 de fevereiro de 1936 em Morada, no Novo México, como última das crucificações de que se tem notícia até hoje... antes dos oitenta burgueses crucificados e queimados vivos pela Frente Popular em Almendralejo, na Espanha, no fim de agosto de 1936...

Mas isso é uma outra história, uma história verdadeira, que já não é cinema.

Este livro foi impresso nas oficinas da
Distribuidora Record de Serviços de Imprensa S.A.
Rua Argentina, 171 – Rio de Janeiro, RJ
para a Editora José Olympio Ltda.
em dezembro de 2008.
*
77º aniversário desta Casa de livros, fundada em 29.11.1931